KB122503

포항의
숲과 나무

포항의
숲과 나무

글 · 이재원

도서출판 나루

언젠가 『숲에 산다』(조상호 나남출판사 회장)라는 책을 읽으면서, 우리 지역에서도 숲과 나무에 관한 이야기가 책으로 나왔으면 하는 소박한 바람이 생겼다. 한번 도전해 보고 싶었지만 작심삼일에 그쳤던 순간, 친우 이재원 포항지역학연구회장이 의술로 사람들을 치료하기도 바쁜 와중에 지역사회 발전의 디딤돌이 될 수 있는 포항의 숲과 나무에 관해《경북일보》에 연재하기 시작했다.

포항에서 태어났지만 처음 가보는 장소도 많이 있었기에 포항이 고향이라고 하기에 참으로 미안한 마음이 들었던 때가 불현듯 생각난다. '하늘은 스스로 돕는 자를 돕는다'는 말처럼 저자의 열정으로 의미 있는 책이 세상에 나오게 되었다. 저자는 평소 '기소불욕물시어인己所不欲勿施於人'의 마음으로 늘 남을 편하게 배려하고자 노력했고, 올바른 일에는 한 치의 양보도 없는 추상秋霜같은 친구다. 고장의 구석구석을 의미 있고 스토리가 묻어 있는 곳으로 간직하고자, 미련하고도 우직하게 임하는 열정에 따뜻한 응원을 보낸다.

미세먼지가 우리 생활 깊숙이 자리 잡으면서, 도시숲에 대한 수요가 증가하여 지방자치단체마다 '숲세권'을 조성하기 위해 많은 노력을 하고 있다. 숲을 만드는 것도 중요하지만, 잘 보존하여 미래 세대들이 다양한 혜택을 누리는 것이 행복한 일이요 현 세대가 해야 할 책무로 생각된다.

뉴욕의 센트럴 파크 같은 녹지공간을 간직한 도시공원이 우리에게 불가능한 일이 아니며, 언젠가는 도시를 끌어안고 있는 숲이 주변에 널리 퍼져 있었으면 하는 기대를 이 자리를 빌어 하게 된다.

'시민에게 혜택을 회원에게 보람을'이라는 신념 하에 〈경북생명의 숲〉은 창립 이후 여러가지 사회봉사활동을 하고 있는 바, 문화사업의 일환으로 포항의 숲과 나무에 관한 이야기를 도서로 발간하게 되었다. 더불어 활동하고 계시는 남수희 고문(포항제철소 소장), 이상호 공동대표(FINEX 전무), 박용선 공동대표(경상북도의원) 그리고 소중하신 생명의숲 이사님, 회원님들에게 초심을 잃지 않는 시민단체가 되겠다는 약속을 합니다.

또한 벗의 아름다운 고집이 계속하여 존속되기를 마음속 깊숙이 응원한다.

경북생명의숲 상임대표 김상백

추천의 글

경상북도 동부청사가 지난해 5월 15일 용흥동龍興洞(구 용흥중학교 폐교 부지)에 개청하고, 이 동네가 어떤 역사적 마을자산과 사람 살아가는 이야기를 담고 있는지 무척 궁금했다. 그러던 중 우연히 『용흥동 이야기』라는 책을 알게 되었다. 저자 본인이 태어난 고향의 골골마다의 이야기를 직접 조사하여 썼다는 자체도 흥미로웠지만 저자가 인문학자나 향토사학가도 아닌 의학을 전공한 의사라는 점에서 또한 놀라웠다.

일선 공무원으로 평생을 살았던 아버지의 길을 따라 서울을 떠나 경북 공무원으로 자원해 25년 이상을 경상북도 산수, 인문자원에 취해 발로 뛰어 다녔다. 경북민들의 겸양적 특성인지, 세련미와 섬세성이 부족한 듯 지역을 향한 소중함이나 지역에의 마케팅이 타 지역보다 부족하다는 걸 느껴왔고 늘 아쉬웠다.

이런 경북민의 정서적 바탕에도 불구하고 포항지역의 정체성을 마을에서, 마을 중에서도 마을 숲에서 찾고자 하는 지역 사랑과 틈틈이 직접 찾아가 녹취하고 사진기록도 남기는 현장 정신에 존경을 표한다.

숲은 다투지 않으며 누구를 배척하지도 않는다. 꼭 포항 사람과 닮아 있는 것 같다. 언제나 그곳에서 우리네 전통 마을을 지키고 있는 보물 창고이자 마을문화를 고스란히 간직하고 있는 마을지식의 보고이다.

　　아는 만큼 보이고 즐기는 만큼 행복하다고 한다. 현재 살고 있는 사람의 체취, 과거에 살았던 사람의 기억, 미래를 살고 싶어 하는 사람의 가치를 두루 담은 포항지역 마을숲에 대한 최초의 아카이브 성격의 책 『포항의 숲과 나무』 출간을 축하드린다.

　　마을 숲을 통해 포항을 더욱 이해하고 사랑해 우리 모두가 행복해지길 기대한다. 포항 마을숲에서 포항시의 지속가능한 미래를 보았다. 이재원 같은 분이 우리 경상북도민이라는 게 행복하다.

경상북도 환동해지역본부장 김남일

차 례

포항 도심

사라진 숲과 나무

에필로그

부록

프롤로그

"숲은 문화이고 위안이다"

숲은 단순히 나무들의 집합체가 아니다. 하나 더하기 하나가 둘이 아니라 훨씬 더 큰, 그 이상이 되는 셈이다. 숲은 나무들이 모여서 공간적인 기능이 생긴다. 일터이자 놀이터가 되고 휴식터가 된다. 이야깃거리가 생기고 때론 종교적인 기능까지 하게 된다. 숲은 문화이고 문화 또한 숲에서 싹튼다.

긴 역사를 통해 보면 숲은 늘 사람들의 생활터전이었다. 사람이 자연을 떠나 살 수 없다 했을 때 자연은 바로 숲을 가리키는 말이다.

하지만 근현대를 겪으면서 급속한 도시화가 진행되었고 급기야 숲을 훼손하고 숲을 멀리하게 되었다. 전에 없던 많은 도시 문제들이 새로이 생겨났다. 숲에서 떠나자 인간성이 황폐화된 것은 어쩌면 당연한 결과인지 모르겠다.

여기저기 도심에 공원이 새로이 조성되는 것은 다행스러운 일이다. 숲의 치유 기능에 주목하기 시작하였다. 하지만 나무들의 집합체가 숲이 아니듯 나무 몇 그루 심는다고 공원이 치유의 기능을 가지기엔 부족한 점이 있다. 바로 생활문화가 깃들 수 있어야 한다. 그런 면에서 전통숲은 오늘날 조성하는 도시공원(숲)의 교과서이자 원형이다. 우리가 사라져가는 마을숲에 관심을 갖는 이유이다.

숲과 나무를 찾아다니기 시작한 지 계절이 두세 번씩 바뀌었다. 도시의 급격한 발전에도 불구하고 용케 살아남은 숲과 나무들은 어찌 보면 구석구석에 숨어 있었던 덕분이리라. 그런 숲과 나무를 찾는 여정은 결국 포항을 깊숙이 들여다보는 계기가 되었고 나에겐 정말 소중한 경험이 되었다. 지역의 향토사에 관심을 갖게 된 기회가 되었음은 물론이다. 우리보다 훨씬 이전부터 우리 지역에서 살아온 숲과 나무들이 그저 보이지 않았고 돌멩이 하나도 소중하지 않을 수 없다. 과거의 이야기가 현재에 살아 있게 하는 이유이다.

2018년 7월 5일부터 매주 목요일마다 '포항에 사는 나무'를 소개해 왔다. 짐작하다시피 목요일로 정한 이유는, 나무 목木자가 들어 있어서이다. 책으로 정리하면서 전체 72회 분량이 실리게 되었다. 숲 관련 글은 2019년 8월부터 《경북일보》에 '경북의 숲'으로 연재하던 내용 중에서 포항 관련 숲만 추려 함께 엮었다. 책으로 나오기엔 부족한 글들이지만 더 많은 사람들이 우리 지역에 있는 숲과 나무에 관심을 갖게 된다면 더할 나위 없이 기쁘겠다. 숲과 나무도 우리들과 마찬가지로 영원히 곁에 있지는 않을 테니 말이다.

책이 나오기까지 많은 분들의 도움이 있었다. 경북생명의숲과 포항지역학연구회 회원들에게 감사의 말씀을 드린다.

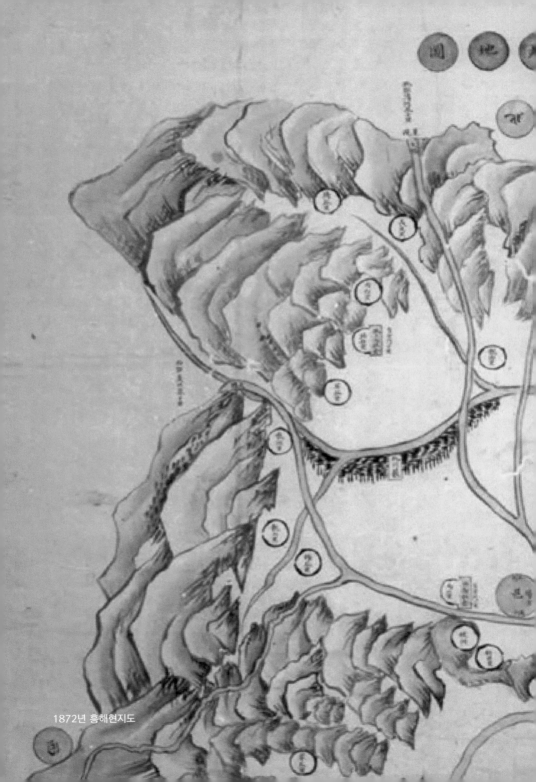

1872년 흥해현지도

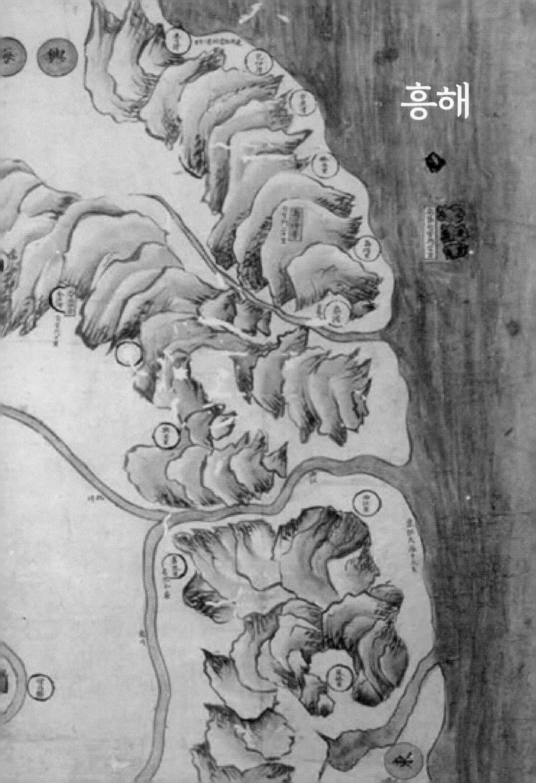

흥해

북천수

　포항 흥해에는 신광 용연저수지에서 칠포로 흐르는, 흔히 곡강천이라 불리는 하천이 있다. 이 하천을 끼고 신광 방면으로 가는 신작로를 따라가다 보면 좌우로 인접한 북송리 마을을 만나게 되는데, '북천수北川藪'는 바로 북송리의 마을숲을 일컫는 말이다. 마을숲은 자연재해나 액운으로부터 마을을 보호하기 위해 조성됐고, 마을주민에게 건강한 기운을 북돋기 위해 특별한 관리와 보호를 받았다. 그래서 마을숲은 마을 한복판이나 마을과 잇닿은 거리에 들어서게 된다. 큰 산의 깊고 울창한 숲이 아니라 사람 곁에 있는 숲이다. 북송리 또한 여느 마을숲처럼 대문 밖이 숲이고, 담 너머 나무가 있는 곳이다. 멀리 있어 가기 힘든 곳이 아니라 삶과 아주 가까운 거리에 있는 게 마을숲이라는 것을 여기 소나무숲을 걸으면서 다시 생각할 수 있다. 여름의 북천수는 시원하다. 찌를 듯이 달려드는 열기와 빛을 막아주는 나무들이 있기에 마을숲은 동네 주민에게 충분히 쉴 공간을 내 준다. 정비가 잘 된 편안한 산책로와 함께 인근 흥해서부초등학교 학생들이 이곳을 자연생태 학습장으로 이용할 수 있을 정도로 북천수에는 적어도 50년에서 100년 된, 혈통 좋은 소나무들이 제법 빽빽하게 들어서 있다. 예로부터 흥해는 넓은 들판을 지닌 곳이지만 여름철에는 곡강천이 자주 범람해 홍수 피해가 컸던 모양이다. 사실 흥해를 가르는 하천은 북천과 남천으로 나뉘는데, 우리가 곡강천이라 부르는 것이 북천이다. 옛 문헌에 따르면, 조선 철종 때 흥해 군수였던 이득강은 '읍성과 흥해의 진산인 도음산의 맥을 보호하고 흥해의 상습적인 홍수를 막기 위해서는 북천에 둑을 쌓아야 한다'고 봤다. 그래서 흥해 모든 장정을 모아 제방을 쌓게 했고 이를 '북천방'이라 불렀다고 한다. 그리고 이어서 매산리, 북송리, 마산리에 이르는 북천방에 소나무를 심어 숲을 조성했다고 한다. 이렇게 200여 년 전 주민 안위를 위해 혜안을 발휘한 이득강 군수 업적을 기리기 위한 공적비가 세워졌는데, 현재 이 공적비는 흥해 영일민속박물관에 옮겨져 있다. 북천수는 이때 조성된 숲 일부가 남아 현재에 이르게 된 것이다.

군수 이득강공 북천수 유적비 郡守李公得江北川藪遺蹟碑

郡之北 大川浸溢 田疇墊沒 濱海邑基 若建瓴
然 遇大浸則 有傾圮之患 歲癸丁萬夫 聚沙磧
以隄之 不能久遠 公以壬戌莅官 率吏民 往董
役屬衆而告曰 紓民力而弭水害者 莫林藪若也
於是培植而禁養之 芻蕘斷而栉榿興 歷十數年
林木之蘗者拱疏者密 櫛櫛如崇墉巨藩 扞節水
道者 殆十許里 民不鼕鼓而 邑賴而奠公之功
顧不韙歟 邑之幹事者 謀所以壽其績 剔薪於藪
購石而記之 噫其不朽矣
時崇禎後四丙戌 南至月 二十日也
監役 朴昌魯 金致一

군의 북쪽에 있는 큰 하천에 물이 넘쳐서 논밭이 물에 잠기곤 하였다. 바닷가의 고을 터전조차 벽돌로 세운 듯하여 큰물을 만나면 무너질 염려가 있었다. 해마다 만 명의 일꾼

이 동원되어 모래와 돌을 모아 둑을 쌓아도 오래도록 보전하지 못하였다. 공은 임술년(1802)에 부임하여 관리와 백성을 통솔하여 직접 가서 일을 감독하면서 말했다.

"백성의 힘을 덜 들이고 수해를 막는 데는 숲을 조성하는 일 만한 것이 없다."

이에 나무를 심어 베는 것을 금지하고 길렀으므로, 나무꾼이 못 들어가니 숲과 그늘이 우거졌다. 십여 년을 지나자 빼곡한 것이 큰 담과 거대한 울타리처럼 되어서 물길을 막고 조절하게 된 것이 거의 십여 리가 되었다. 이에 백성은 흥겹게 참여하였으며 고을은 이 덕택에 공의 공로를 드러낼 수 있었으니 대단하지 않은가.

고을에서 일을 맡은 사람들이 그 사적을 오래 전하기 위해 숲에서 나무를 베어다가 돌을 사서 기록하였으니, 아아, 이는 불멸하리로다.

이때는 숭정기원후 4병술년(순조 26, 1826) 5월 20일이었다.

감역 박창로 김치일

(출처 : 포항시 관내 선정비 현황조사 및 원문번역 용역 보고서, 2019)

　　사실 우리 마을숲의 유래나 기원을 확인하는 게 쉽지 않은데 비교적 북천수는 조선 후기에 제작된 '흥해현지도'와 1938년 조사인 '조선의 임수' 등에 그 기록이 남아 있어 역사적 유래를 정확하게 알 수 있다. 지금도 북천수 규모는 여느 마을숲에 비해 크기가 작다고 할 수는 없지만, 일제 강점기 이전의 모습은 대단했으리라 짐작된다. 이득강 군수 이후 지흥관이라는 군수 때에도 추가로 나무를 심어 폭 400m, 길이 4km에 달하는 거대한 숲을 이뤘다고 한다. 하지만 일제 강점기 수탈을 겪는 동안 이곳의 아름드리 노송은 선박용 목재로 벌목이 됐고, 개인 경작지를 늘리면서 숲을 훼손하게 된 부분도 있다. 현재 나무들의 상당수는 광복 직후에 새로 심은 게 많다. 예전보다 그 규모는 줄었지만 북천수는 여전히 마을 가까이, 사람 사는 동네와 맞닿아 있다. 그래서 이 숲은 마을사람들의 마음을 하나로 모으는 축제의 공간이 되기

도 한다. 북송리 마을로 묶인 큰마을, 건너각단, 양촌 마을 등의 주민
은 정월 대보름날이면 이곳에 모여 동제를 지냈고, 건너각단 마을 앞
산 정상에서 산신제를 올렸다고 한다. 전하는 말에 의하면, 건너각단
마을에 큰 화재가 일어났는데 어떤 사람이 마을 앞산이 '불 화火' 자의
형상이어서 마을에 불이 자주 나니 이에 대한 방책으로 앞산의 화기를
눌러야 한다고 했단다. 그때부터 마을 주민들은 산 정상에 소금물을
묻고 매년 이 간수가 마르지 않도록 살폈다고 한다. 정월대보름 저녁
에 달집태우기를 한 후 지난해 묻어 두었던 간수병을 파내어 다시 간
수를 채우고 제사를 지낸다고 한다. 이렇듯 전통마을숲은 그저 바라보
는 숲이 아니라 마을사람들의 생활터전으로 함께 해 왔다.

　우리나라에서 세 번째로 긴 숲으로 알려진 이곳은 2006년 3월 문화
재청으로부터 천연기념물 제468호로 지정받고 있다. 하지만 이런 숲
이 있다는 사실 자체를 아는 포항 사람들은 많지 않은 것 같다. 그래서
우리의 마을숲을 더 알리고, 잘 가꾸는 방법이 무엇인지를 계속 찾게
된다. 최근에 다시 찾은 북천수에는 '흥해 국도7호선 우회도로' 공사
가 한창이다. 북천수의 동쪽 끝자락을 남북으로 도로가 가로질러 지나
가는 모습에 안타까운 마음이 든다. 개발과 보존. 과연 무엇이 우리의
삶을 더 가치 있게 할 것인가. 200년 전 나무를 심고 고을의 기운을 보
호하고자 했던 선조들의 마음가짐에서 그 답을 찾을 순 없을까. 개인
적으로 이러한 마을숲이 앞으로는 우리에게 중요한 생태적 자산과 지
역 유산이 되리라 생각한다.

- 2019. 8. 28. 《경북일보》

포항에 사는 나무 1

흥해읍 매산리 275 팽나무 (260년)

흥해 마산사거리에서 신광 호리못으로 가는 길
북천수, 흥해서부초등학교 지나 좌회전하면 흥해 매산리입니다.
150여 년 전 '인내천人乃天'을 주창한 수운 최제우 선생이 관군을 피해
몸을 숨기고 최초로 접주들을 임명한 곳 또한 매산리입니다.
그래서일까요. 정자나무로 자란 팽나무에선 고단한 삶을 용케도 견뎌
온 강인한 모습을 느낍니다.

- 2019. 8. 29

포항에 사는 나무 2

흥해읍 덕장2리 997 소나무 (360년)

소나무는 간략하게 다음과 같이 구분합니다.

♠ 한 묶음에 잎이 2개씩인 나무 - 소나무, 곰솔, 반송

소나무 : 겨울눈이 붉고 오래된 줄기도 붉다. / 곰솔 : 주로 바닷가에 자라며 잎이 억세고 줄기는 검으며 겨울눈은 희다. / 반송 : 아래부터 가지가 여럿으로 나오고 전체 모양이 소반처럼 둥그렇다.

♠ 한 묶음에 잎이 3개씩인 나무 - 리기다소나무, 백송

♠ 한 묶음에 잎이 5개씩인 나무 - 잣나무, 섬잣나무

위의 나무는 굉장히 예쁜 나무, 노거수답지 않게 젊은 나무로 보이지만 수령이 300년을 넘는 우람한 소나무입니다.

- 2018. 12. 13

옥성 마을숲(향교숲鄕校藪)

7번 국도를 타고 흥해읍에 들어서면 높지 않은 산에 고풍스러운 건축물과 숲이 어울리는 풍경이 예사롭지 않아 눈길을 주게 된다. 둘레 300여m에 높이 해 봐야 20여m의 작은 산이지만 예전부터 향교가 있어서 이곳 사람들은 향교산이라 불렀다. 또한 향교산은 그 모습이 소가 누워서 풀을 먹고 있는 형상, 즉 와우초식지형국臥牛草食之形局이라 하여 와우산臥牛山이라고도 하는데, 남쪽에 인공으로 산을 만들어 풀을 기르던 속초대束草臺가 있었다고 하나, 지금은 주택지로 변하고 흔적이 없어졌다.

이 일대의 행정구역은 옥성리로, 1914년 행정구역 폐합 때, 향교가 있는 향교산을 중심으로 교리校里, 죽림리竹林里, 옥리獄里, 성서리城西里, 신당곡神堂谷과 같은 자연부락을 합치면서 옥리의 옥獄자를 옥玉으로 고치고, 성서의 성城자를 취하여 옥성리玉城里라 하였다. 흥해읍성의 서쪽인 이곳에 예전에는 흥해군 관아의 감옥이 있었던 이야기를 지명의 근원을 쫓다 보면 알게 되어 재미있다. 지금의 흥해제일교회 자리가 감옥이 있었던 곳으로 추정된다고 한다.

교리校里란 지명도 '향교가 있는 마을'이라는 뜻일 텐데, 흥해향교는 조선 태조 7년(1398)에 건립되었다고 전해지나 연혁에 관한 자료는 현재 거의 남아 있지 않아 창건연대 등을 정확히 알 수 없다. 다만 정진

백(1897~1924)의 문집인 '석농집'의 〈흥해향교 중수기〉에서 "본 군 향
교의 설치는 건국으로부터 창건하였다自建國而創"고 한 것으로 보아 조
선조에 접어들면서 향교가 창건되었음을 추측할 수 있다.

향교는 아다시피 강학講學 공간과 제향祭享공간으로 나뉜다. 강학은
인재 양성을 위한 교육 기능을 뜻하고, 제향은 공자 및 여러 성현에게
제사 올리는 것을 말한다. 그러니까 결국 향교는 교육기능과 제사기능
을 담당했다고 할 수 있고 공간 또한 나뉘어져 있다. 먼저 제향공간으
로는 대성전과 그 앞으로 동무東廡와 서무西廡가 있다. '무' 자가 한문으
로 집 무廡 자이다. 이곳에 공자를 비롯하여 성현들을 모셔 놓는다. 강
학공간은 명륜당이 있고, 건물 앞으로 기숙 공간인 동재와 서재로 구

성된다.

흥해향교는 야산에 대지를 3단으로 조성하여 배치되어 있으며, 대성전, 서무, 동무, 명륜당, 서재, 동재, 그리고 태화루 등 총 99칸 규모였으나 6·25전쟁 때 대성전과 동재만 남고 나머지 건물은 불타 버리고 없었던 것을 1953년에 명륜당과 수복실을 신축하고 뒤이어 동무와 서무를 복원하였다. 1990년에는 명륜당 옛 건물을 헐고 원래의 자리에서 앞으로 옮겨 새로이 명륜당 건물을 지었고, 1996년에 태화루를 복원하여 오늘날의 모습을 갖추었다. 현재 대성전 건물이 경상북도 문화재자료 제87호로 지정되어 보호되고 있다. 포항에는 다른 고장과는 달리 드물게 향교가 네 개가 있다. 조선 시대에는 1읍 1교의 원칙하에 각 군, 현 마다 향교가 설치되었는데, 흥해, 청하, 연일, 장기에 각각 향교가 있었다. 네 개의 군현이 합쳐져서 포항이 탄생하다 보니 포항에 향교가 네 개가 된 것이다. 모두 비슷한 시기에 건립되었고 저마다의 특징이 있지만 특히 흥해 향교가 사랑스러운 것은 향교 뒤로 옥성 마을숲이 함께 하고 있기 때문이다. 7번 국도로 차를 달리면서 향교 건물이 더욱 눈에 들어온 것도, 향교가 산 위에 위치한 이유도 있지만 향교 건물 뒤로 숲이 배경을 이루어서이다. 마을의 이름을 따서 부르는 옥성마을숲은 활엽수림이다. 겨울이여도 결코 앙상하지 않고 빽빽한 나뭇가지가 이루는 전체 실루엣은 다른 계절 못지않게 아름답다. 국도 변에 인접한 숲에는 참나무가 주종을 이룬다. 진짜라는 뜻의 '참'을 붙인 참나무는 도토리가 달려 도토리나무라고도 하며 여섯 종류가 있어 흔히 도토리나무 육형제라 한다. '도토리 키재기'란 말이 있듯 크기에서 얼마나 큰 차이가 있을까만 그래도 가장 큰 열매가 달리는 상수리나무는 임금님 수라상에 올라가는 도토리나무라는 뜻으로, 열매도 상수리라고 부른다. 굴참나무는 나무의 껍질 골이 깊어 '골참'이라 하고 '굴피'라고도 하며 지붕을 잇는 데 사용했다 해서 이름이 지어졌다. 또 잎이 크고 항균작용도 있어 떡을 싸기에 적당해서 붙은 이름의 떡갈나무, 짚신의 바닥 깔개로 사용해서 '신을 간다'는 뜻으로 불린 신갈나무, '껍질을 자주 가는 나무'라서 혹은 '가을 참나무'란 의미로 갈참나무가 있고 열매의 크기가 작아 붙여진 졸참나무는 도토리나무 형제 중 막내이다. 옥성 마을숲은 참나무 육형제 중에서도 상수리나무가 많다.

옥성 마을숲의 진가는 늦은 봄에서 초여름에 가 보면 알게 된다. 숲의 풍경이 사뭇 달라져 있는데 하얀 꽃이 나무 전체를 뒤덮을 만큼 잔

뜩 피어 있는 나무 때문이다. 흔히 화려한 꽃을 피우는 꽃나무는 대부분 관목으로 키가 낮은 나무가 대부분인데, 키가 큰 교목에서 잎이 보이지 않을 만큼 많은 꽃을 달고 있는 경우는 흔치 않다. 그것도 한 그루가 아니고 군락을 이루고 있어 실로 그 때의 옥성 마을숲을 본 사람들은 그 황홀한 광경에 입을 다물 수가 없을 정도이다. 꽃 모양이 사발에 소복이 쌓인 쌀밥처럼 보여서 이밥나무라고 하던 것이 이팝나무가 되었다고도 하고 또 꽃 피는 시기가 입하立夏전후여서, 입하 때 꽃이 핀다는 의미로 '입하나무'로 부르다가 이팝나무로 변했다는 이야기도 있다. 이팝나무가 천연기념물로 지정된 전북 진안에는 배불리 먹지 못해 죽은 어린아이를 동구 밖 야산에 묻고, 죽어서나마 흰쌀밥 마음껏 먹으라고 부모가 한 그루씩 심었다는 이야기가 있어 아름다운 꽃나무 뒤에 숨은 절절한 슬픔을 떠올리게 한다. 가난하고 배고픈 시절, 풍요를 그리던 이팝나무는 우리나라에 주로 분포하며 세계적으론 희귀 식물에 속한다고 한다.

　옥성 마을숲에 이팝나무는 향교 건립 때 심은 나무의 종자가 떨어져서 군락을 형성하였다고 하지만 정확하지는 않다. 수령 150년 이상 되는 이팝나무 군락은 1975년에 경상북도 기념물 제21호로 지정되었고 이팝나무 축제가 거행되고 있다.

♠ 참고문헌

『아름다운 포항, 유서깊은 마을』(포항시, 2007)

포항에 사는 나무 3
흥해읍 옥성리 129 이팝나무 (160년)

요즘 포항 시내 도로가의 가로수나 철길숲 등 공원길의 가로수를 보다
보면 하얀 꽃이 예쁜 나무를 볼 수 있는데요. 바로 이팝나무입니다.
꽃송이가 사발에 소복히 얹힌 흰 쌀밥처럼 보여 이밥나무라고 했으며,
이밥이 이팝으로 변했다는 이야기는 아실 겁니다.
흥해향교 뒷산 이팝나무 군락지는 150년에서 200년 수령의 이팝나무
들이 군락지를 이루고 있어서 장관입니다.
이 계절 가기 전에 꼭 감상해 보시기 바랍니다.

- 2019. 5. 8

포항에 사는 나무 4

흥해읍 성내리 39-8 회화나무 (630년)

조선 광해군 때 풍수지리학자인 성지가 흥해에 들렀을 때 일입니다.

"흥해 지역은 아득한 옛날 호수였던 관계로 바람이 많고, 물이 많으며, 습기가 많아 이로 인한 피해가 심할 것이므로 5대 이상 세거할 곳이 못 된다"

이에 흥해군수가 처방을 부탁하니

"이를 예방하기 위해서는 수분을 섭취하는 양이 다른 나무의 4~5배나 되는 회화나무를 많이 심어야 한다"고 하였습니다.

그 후 흥해군수는 집집마다는 물론 공터와 언덕배기에도 회화나무를 많이 심어 흥해에는 회화나무가 무성했다고 전해지며, 지금도 몇 그루 남아 있습니다.

- 2018. 7. 19

포항에 사는 나무 5

흥해읍 용천리 1384-4 소나무 (210년)

우리 지역에 용이 살았을까요?

알 수는 없지만 지역 이름을 보면 추측 가능할 듯합니다.

남구의 구룡포는 물론이며, 시내의 용흥동 남부초등학교 자리는 용당이 있었다고 합니다. 그리고 형제산을 가르는 형산강도 용과 관련된 이야기가 있지요.

곡강천이 흐르는 흥해에도 유독 용이 많이 나옵니다. 용이 내려온 연못이라서 용연이라는 현 용곡리, 마을 뒤에 용두들이 있는 용전리, 용의 덕을 입고 산다는 용덕 이름의 현 용한리, 그리고 마을 앞 하천에 큰 소沼가 있어 용이 승천하였다는 용소의 현 용천리 지명까지.

가장 용을 닮은 나무, 소나무를 보아도 분명 우리 지역에는 용이 살았습니다.

- 2019. 2. 21

초곡 마을숲과 칠인정

　북구 흥해에는 나라의 우환이나 변고가 있을 때마다 소리를 낸다는
"우는 느티나무"가 있다. 신라의 만파식적이나 낙랑의 자명고처럼 앞
날을 예고해 사람들에게 알려 주는 셈이다. 피리나 북처럼 소리를 내
는 악기는 아니지만, 사실 나무는 만물의 변화와 순환 속에서 다양한
소리를 들려 주는 자연의 악기라 할 수 있다.

만물이 변화하는 소리를 나무는 담아내고 있지 않은가. 봄이면 마른 가지에 싹이 돋아나는 소리, 여름이면 그 잎이 무성해지며 꽃을 피우는 소리, 가을엔 열매가 무르익어 번지는 소리, 다시 겨울이 올 때면 맨 가지를 드러내며 바람에 스치는 등 나무가 선사하는 소리는 풍성하다. 이렇게 자연의 변화를 전달하기에 우리 선조들은 나라의 운명이나 마을의 변화마저도 전해 주는 신령스러운 나무가 당연히 존재한다고 생각했을 것이다. 또 그런 나무일수록 영험한 기운과 늠름한 자태를 가지고 있어 바라보는 자체만으로도 사람들을 압도하는 뭔가를 지녔을 것이다.

우는 느티나무는 초곡리라는 인동 장씨 집성촌에 있다. 이곳은 흥해 읍에서 서쪽으로 약 4km가량 떨어진 곳인데 마을이 생긴 지 600년이 넘었다고 한다. 이 마을 입구에는 인공으로 판 커다란 연못이 있고 주변에는 300년 넘은 배롱나무가 있다. 배롱나무는 꽃이 100일 동안 핀다고 해서 백일홍이라 불리는데 이렇게 긴 개화기를 지닌 나무는 많지 않다. 부처꽃과로 분류가 되어선지 스님이나 선비가 이 나무를 좋아한다고 하는데 배롱나무의 또 다른 특징은 이 나무의 줄기를 보면 확인할 수 있다. 일반 나무줄기에서 볼 수 있는 껍질이 없기에 배롱나무는 대나무처럼 줄기가 반질반질하면서도 대나무와 달리 속이 꽉 차 있다. 그래서 겉과 속이 같은 배롱나무를 빗대어 조상들은 세속의 묵은 껍질을 훌훌 털어 버리기를 바랐고 일편단심으로 벗을 그리워하기도 했다고 한다.

연못 근처에는 '사일±逸쉼터'라는 현판이 붙은 작은 정자가 있다. 초곡리의 또 다른 마을 이름이 사일±逸인데 이는 마을 어귀에 숲이 있어서 선비들이 숨어 살기에 적당하다는 의미를 담고 있다 한다. 지금이야 한적하고 번잡한 곳을 벗어나 전원생활을 그리는 사람이 많아지고 있지만, 그 옛날 이런 외진 곳에 들어와 선비가 살고자 한데는 어떤 까닭이 있었을 것이라고 봐야 하겠다. 이러한 내력을 간직한 채 긴 세월 이 마을의 변화를 지켜본 '칠인정七印亭'(경상북도 문화재 제369호)이라는 정자가 있는데, 우는 느티나무는 바로 이곳 앞마당에 자리하고 있다.

칠인정은 맨 처음 이 마을을 개척하고 정착한 인동 장씨의 입향조인 장표에 의해 건립된 건축물이다. 그는 고려 공민왕 때의 무인으로 흥의위興義衛 보승랑장保勝郎將이라는 지위를 지낸 젊은 장수였다고 하는

데, 고려 말 왕조가 바뀌는 혼란기에 세상에 대한 염증을 느껴 고향인 구미로 낙향하다가 벽지인 이곳에 이르러 일가를 이뤘다고 한다. 당시 고려가 멸망하자 일부 고려의 신하들은 낙향하거나 외부와의 접촉은 전혀 하지 않은 채 지냈다고 하는데, 그야말로 속세와는 절연한 채 은둔자로 지냈다고 봐야 한다.

그런데 재미있는 것은 이런 은둔이나 소식 두절의 상태를 표현하는 '두문불출杜門不出'이라는 고사성어가 바로 이 시기에서 파생되었다고 한다. 그러니까 조선의 건국이 태조 이성계가 역성혁명을 통해 전개한 상황이었던지라 새로운 왕조를 거부한 고려 신하 72명이 개성의 두문동에 깊숙이 들어가 나오지를 않았다고 한다. 이성계는 이들을 설득해 등용하려 했지만, 이들이 움직이지 않자 두문동에 불을 내어 강제로 끌어내려 했는데 이들은 끝까지 집 밖으로 나오지 않고 불에 타죽고 말았다. 이러한 사건을 배경으로 어느 곳에 한 번 들어갔다가 영영 소식이 없을 때 두문불출이라는 말을 사용하게 되었다고 하는데, 내용을 알게 되면 이 말에 깃든 비장함을 느낄 수가 있다. 어떤 사람은 이런 배경을 연결해 초곡리를 "포항의 두문동"이라고 표현하기도 한다.

그런데 한편, 칠인정을 건립한 장표가 이 건물의 낙성식을 거행했을 때가 조선 태종 9년(1409년)으로 이때 그의 아들 네 명과 사위 세 명이 모두 관직에 있어 여기 정자 앞에 있는 두 그루의 느티나무에 벼슬을 증명하는 관리의 인印을 담은 교지를 걸어두었다고 한다. 그래서 정자의 이름을 칠인정으로 명명하게 되었다는 내용이 마루 상단에 걸린 편자에 실려 있다. 그런데 이 이야기 속에서도 알 수 있지만, 세상사의 회의를 느껴 숨어든 선비가 자식의 출세를 자랑하는 것처럼 느껴져 왠지 모순된 상황인 게 아닌가 하는 생각이 든다. 부모 입장에서 자식의 입신양명을 바라는 것에는 충분히 공감하지만, 한편으로는 세상살이가 그리 단순하지 않다는 것을 알게 된다.

칠인정은 마을 입구에 있는 연못 옆으로 이어진 오르막으로 올라 다소 높은 대지에 정남향으로 있다. 두 개의 방과 마루로 구성된 소박한 형태이지만 정자 앞마당에는 이곳의 운치를 더하는 우는 느티나무가 있어 결코 허술하게 보이지가 않는다. 거목의 둘레는 양팔로 안을 수 없을 정도로 매우 두꺼우며, 나무의 줄기 밑동이 두 가지로 뻗어 있어 마치 쌍둥이처럼 보인다. 두 그루의 느티나무는 나라에 큰 우환이 닥칠 때면 "우우~" 하며 우는 소리를 냈는데 6·25전쟁 때 나무가 우는 소리를 들었다는 마을주민이 있다고 한다.

그렇게 모진 시기를 극복하고 지금도 단단하게 이 땅에 뿌리내려 거목으로 자리한 두 그루의 느티나무는 그 자체만으로 매우 거룩한 존재라고 생각한다. 단순히 규모가 크고 오래되어서 노거수를 보호하자는 게 아니다. 나무들은 우리 고장의 역사와 정신을 담고 있기 때문이다. 만약 칠인정 앞에 우람한 두 그루의 느티나무가 자리하지 않았다면 이곳의 풍경은 많이 달라져 보였을 것이다.

비교적 원형 그대로 보존이 잘된 칠인정은 고택이 많지 않은 우리 고장에 더욱 중요한 자산이라는 생각이 든다. 정자는 우리나라에 널리 퍼진 건축물로 사계절의 변화 속에서 자연과 더불어 살아가는 것을 지향했던 우리 선조들의 정신적, 미학적 세계관이 응축되어 있으며 기능적으로 마을 공동체에서 중요한 공간이기도 하다. 물론 선비나 양반들의 사적 공간이자 향교나 사림의 중심 공간으로도 활용했던 공간이다.

시간이 날 때마다 틈틈이 우리 고장 구석구석에 숨어 있는 노거수와 마을숲을 찾아다니는 일은 자기 마음속의 나무를 확인하는 과정이기도 하다. 그러면서 느끼게 되는 것은 오래된 나무와 숲들은 하나같이 의미 있는 이야기를 가지고 있으며, 그 이야기 속에는 우리 고장의 변천사를 간직하고 있는 동시에 세상사의 여러 맥락을 느끼게끔 한다. 노거수와 마을숲을 보호하자는 의미는 환경을 보호하자는 의미만 있는 게 아니다. 마을숲은 우리 포항의 역사와 포항 사람들의 마음을 방증하고 있기 때문이다.

- 2019. 11. 14. 《경북일보》

흥해읍 초곡리 827 느티나무 (480년)

지금 소개드리는 느티나무를 찾아가다보면 '칠인정七印亭'이라는 정자의 아름다움에 먼저 감탄하게 됩니다.
"우와~ 포항에도 이런 데가 있었어?"

고려말 관직을 가졌던 장표라는 분이 조선 건국에 낙심하여 흥해 도음산 아래에 들어와 초막을 짓고 살았는데, 그의 4명의 아들과 3명의 사위 모두가 관직을 갖고 그 관직 임명의 표시인 인장을 나무에 걸었다는 뜻에서 일곱 명의 인장, 즉 칠인정이라는 이름이 붙여졌다 합니다.
현재의 건물은 정조21년(1797)에 다시 지어졌으며 그 원형이 잘 보존되어 있습니다.
칠인정 앞 두가지로 뻗은 느티나무는 정자를 배경으로 한 우람한 모습도 장관이지만 나라에 큰 우환이 닥칠 때 소리내어 울었다는 이야기가 전해 옵니다.

- 2018. 9. 6

흥해읍 초곡리 827 배롱나무 (260년)

나라꽃이 무궁화라면 경상북도를 상징하는 꽃은 무얼까요?

바로 배롱나무라고 합니다. 도내에 고루 자생되고 있다해서 도의 상징
꽃, 도화道花로 지정되어 있습니다.

이제는 코스모스같은 가을꽃과 가을들녘에 그 자리를 내줬지만 무더
운 여름, 그래도 즐거움을 주던 여름꽃 배롱나무. 배롱나무는 더운 여
름 100일 동안 꽃이 핀다고 하여 '백일홍나무'라고도 합니다.

여기 배롱나무는, 포항의 칠인정 연못가에 있는 나무로, 칠인정의 느
티나무, 회화나무 등의 거목과 어울려 더욱 아름다운 자태를 뽐냅니
다.

- 2018. 10. 11

포항에 사는 나무 8

흥해읍 용천리 1376 팽나무 (510년)

사계절 늘 푸른 소나무 같은 상록수가 나은지 계절마다 다른 모습 보
이며 겨울이면 잎을 다 떨구는 나무가 좋은지.
나무야 자기 모습대로 살아갈 뿐이지만 우리들이 비유하고픈 대로 끌
어다가 때론 한결같음을, 때론 변화의 아름다움을 이야기하는 것뿐이
겠지요.
'봄이 와서 꽃이 피는지 꽃이 피어서 봄이 오는지'
다시 무성해질 마른 나뭇가지에서 끝이 아니라 또 다른 시작을 읽습니다.

-2019. 1. 24

1969년 기계면 가안1리

기계

서숲

　예부터 걸출한 인물이 많이 난다는 기계면은 뛰어난 자연경관과 함께 적지 않은 문화재가 있는 곳이다. 고려 시대 때부터 정일품 벼슬인 '태사'를 세 명이나 배출한 흔치 않은 고장이라고도 하며, 풍수적으로 큰 인물이 나는 명당이기 때문에 오늘날까지 정·재계를 비롯해 사회 전 방위에서 활동하는 기계면 출신의 인사가 많다는 얘기도 종종 듣게 된다.

풍수학에 관해서는 문외한이지만, 이러한 얘기를 들으면 왠지 이 지역에 흐르는 고고한 선비적 기질과 유무형의 전통에 관한 계승 의지가 크다는 것에 충분히 공감하게 된다. 기계면을 비롯하여 이웃하는 죽장면이나 기북면은 우리 포항에 드물게 남아 있는 전통 고택이나 전통 유산이 많다. 특히 기계면 현내리에 위치한 도원정사와 기계 서숲이 그러하다.

도원정사는 경주(월성)이씨 기계 입향조인 이말동 선생(1443~1518)을 추모하기 위해서 그의 후손들이 지은 정자이다. 선생은 성종 때 성균관 진사가 되었다가 연산군의 폭정에 정계를 떠나 이곳에 은거하면서 마을을 개척하고 후학을 가르쳤다고 한다.

정자는 정면 5칸, 측면 2칸으로 이곳에서 내다 보는 주변 풍경이나 사계절이 바뀌는 모습을 관조하기에는 더할 나위 없이 아름다운 곳이다. 그런데 선생의 호가 '도원桃源', 즉 복숭아꽃이 만발한 낙원을 뜻하는데, 이 말은 흔히 별천지나 이상향을 비유하는 데 쓰인다. 바로 중국 송나라 때 시인인 도연명이 쓴『도화원기桃花源記』에 나오는 신선들이 산다는 곳으로, 조정을 떠나 이곳 기계면에 당도한 선생은 세상과 담을 쌓으려는 의지를 드러낸 셈이었는지도 모를 일이다. 하지만 선생은 혼자만의 무릉도원을 꿈꾼 것이 아니라 이 땅에 발을 디딘 채 세속의 사람들과 더불어 좀 더 나은 세상을 그리셨다고 봐야한다. 이러한 추측을 가능하게 하는 것은 기계 서숲 때문이다.

선생이 이곳에 와 보니 여름이면 기계천이 범람하여 가옥이 물에 잠기고 한 해 농사가 망치는가 하면, 겨울에는 북서쪽에서 불어오는 찬 바람으로 마을 사람이 고생하는 것을 보니 가만히 계실 수가 없었던 모양이다. 비록 은둔자의 길로 들어섰지만 몸소 관할 기관에 나서서 문제의 심각성을 호소하고 마을 주민들을 설득하여 제방을 쌓고 인공 숲을 만들게 했다. 그렇게 해서 어느 순간 마을사람들이 홍수와 바람의 피해에서 벗어나게 한 기계 서숲이 이루어지게 된 것이다. 서숲은 도원정사에서 나와 기계장터를 지나 기계고등학교를 따라 걷다 보면 만나게 된다.

그런데 역으로 신작로에서는 도원정사를 찾아가려면 애를 먹을 수도 있다. 수차례 기계면을 지나다녔지만 그 어디에도 '도원정사'라는 표지판 하나를 발견할 수가 없었다. 그렇다고 마을사람이라 해서 누구나 도원정사를 아는 눈치는 아니었다. 젊은 아낙네나 몇몇 촌로 분들도 모르는 걸 보니 말이다.

그나마 운 좋게 대로변에서 목욕탕을 운영하는 주인에게 물어서야 위치를 알아낼 수 있었다. 그런데 이분이 도원정사에 관한 자부심이 대단했는데, 알고 보니 목욕탕 주인도 도원정사의 문중이며 도원 선생이 기계에 오신 지 500년 가까이 되었다는 이야기를 덧붙이며 컴퓨터로 도원정사 위치를 상세하게 설명해 주는 친절함까지 선사했다. 그렇게 신작로를 벗어난 기계면의 골목길은 사뭇 달랐다. 어릴 적 편안함을 주던 동네 골목을 다시 걷는 기분이라고 할까. 그렇게 골목을 걷다가 오래된 고택을 만나게 되었는데 그 기품에 놀라지 않을 수 없었다. 바로 '영일 기천고택'으로 경상북도 문화재로 지정된 곳이다. 문이 닫혀 있어서 들어가 보지는 못했지만, 대문 하나만으로도 고택의 위용과 아우라를 느끼기에는 충분했다. 6·25전쟁 때 기계면의 전통가옥이 대부분 소실되었다고 하는데 유독 이 집만 남은 것은 어쩌면 우연은 아니라는 생각마저 들었다.

그렇게 영일 기천고택을 지나쳐 안쪽 골목으로 더 들어가면 도원정사에 이르는 탁 트인 너른 공간으로 이어지고 소나무 사잇길을 거닐게 된다. 원래 기계 서숲과 동숲은 큰 규모를 이뤘을 것이고, 도원정사와 마주한 서숲 또한 그 위세가 상당했을 터이다. 비교적 다른 마을숲에 비해 기계 서숲은 인공적인 시설물이 그리 많지 않으며, 더욱이 도원정사와 연결된 나지막한 산세의 풍경이 더없이 포근하게 느껴졌다.

도원정사 앞에는 연못이 하나 있는데 그 주변 노거수가 가옥의 운치를 한껏 살린다. 역시나 우리 선조들의 미학적 안목에 탄복할 수밖에 없다는 것을 여기 도원정사에서 다시 한 번 절감하게 된다. 은행나무, 향나무, 소나무 노거수들이 이곳의 내력을 말해 주는 것 같다. 특히 2~300년은 족히 되어 보이는 배롱나무들은 다른 세상에 온 듯한 분위기를 자아낸다. 그간 우리 포항에 고택이 없다는 것을 아쉬워했는데, 이곳 기계를 몰라서 든 생각이라고 본다. 왜 이런 곳이 지금껏 알려지지 않았다는 게 놀랍다가도 이제야 이런 곳이라도 남았다는 게 고마울 정도다.

이렇게 우리 고장의 마을숲은 저절로 생겨난 것도 아니며, 도원정사의 품격과 정원의 아름다움 또한 저절로 만들어진 게 아니다. 이 땅을 살피고 미래를 내다본 선조들의 지혜와 안목이 숲을 만들었고 마을을 보호했기에 우리는 이러한 아름다운 유산을 마주할 수 있는 것이다.

한편 기계 서숲 인근에 있는 동숲은 관리가 잘 안 되어 있다. 농지개간, 도로정비 등으로 훼손이 심해서 지금은 숲의 모습을 찾기가 어려운 상황이다. 이렇게 숲이 망가진 상황을 대할 때면 사람이 사는 환경이 황폐해지는 것은 물론이거니와 사람의 마음마저 피폐해진다고 본다. 사실 옛날의 기계는 사람 냄새가 물씬 나던 곳이었을 것이다. 그렇지 않았다면 목월의 '기계 장날'과 같은 시가 나왔을 리가 없지 않았을까.

그렁 저렁/ 그저 살믄/ 오늘같이 기계杞溪장도 서고/ 허연 산뿌리 타고 내려와/
아우님도/ 만나잖는가베/ 앙 그렁가 잉/ 이 사람아.(중략)

오늘 같은 날/ 지게 목발 받쳐 놓고/ 어슬
어슬한 산 비알 바라보며/
한 잔 술로/ 소회도 풀잖는가./ 그게 다/
기막히는기라/ 다 그게/ 유정한기라.

- 박목월, '기계장날'
시집 〈경상도의 가랑잎〉(1968) 중에서

박목월 시비

이 시를 읽으면 소박한 시골 사람들의 인정 어린 대화가 눈앞에 그려지는 것 같다. 우리 고장 말씨가 참 정겹다는 것도 물씬 느껴진다. 또한 목월의 시에서 그려진 기계 장날의 풍경도 소중한 우리의 유산이다. 하지만 지금 기계 장터는 예전의 활기를 거의 찾아보기가 힘든 상황이다.

하동군의 '화개장터'가 가수 조영남의 노래로 사람들에게 각인되는 것처럼 우리도 기계장터를 알릴 방법을 찾아야 하지 않을까. 한산한 버스터미널을 바라보니 기계장터를 그저 아름다운 시구로만 간직하게 된 지금의 상황이 좀 쓸쓸하다.

- 2019. 10. 31. 《경북일보》

기계면 문성리 151 팽나무 (200년)

외국의 도시숲 사례를 보면 가로수에 가로수 몸값을 매겨 이름표 달듯 달아놓는답니다. 그 소중함을 알린다는 의미이겠지요.

나무도 어디에 서 있느냐에 따라 그 풍광이 달라져 보입니다. 특히 오늘 소개드리는 나무는 그 아름다움이 정말 특별합니다.

기계면 문성리는 새마을운동 발상지 기념관이 있는 곳입니다. 그러나 너른 들을 배경으로 그리고 신석기시대 고인돌과 함께 서 있는 저 팽나무를 보러 몇 번이고 찾게 됩니다. 그렇다면 저 팽나무의 가치는 기념관 건립비용인 29억 이상이 아닐까요?

- 2018. 11. 20

포항에 사는 나무 10

기계면 구지리 261-1 회화나무 (230년)

기계에서 죽장 가는 길, 31번 국도. 숲 답사를 다니며 정말 많이 오가는 길입니다. 기계 들어서자마자 기계 동숲을 시작으로, 기계 서숲, 설내숲, 지가1리 마을숲. 기북의 덕동 마을숲, 죽장의 현내숲, 매현숲 또한 이 길을 거쳐 갑니다.

31번 국도를 따라 기북 들어가는 사거리 조금 지나면 구지리입니다. 도로 우측 언덕에 멋진 나무가 있어 눈길이 늘 갑니다.

사계절마다 숲과 나무의 모습을 달리 보이는 곳. 바로 활엽수림이여서 그런데요. 특히 겨울 회화나무는 줄기와 가지가 나눠 놓는 하늘빛과 어울려 맑은 풍경이 일품입니다.

- 2019. 3. 20

설내숲

'기계'라는 지명은 신라 경덕왕 때부터 불러져왔으니 1,200년 이상
사용된 지명이다. 조선조에는 기남, 기북, 기동 3개 면으로 나누어지
기도 했다. 오랫동안 경주부 관할이었다가 1906년 흥해군으로 편입이
되었다. 그러다가 1914년 영일군으로 통합되면서 영일군 기계면이 되
었고, 1967년에 기계면 기북출장소를 설치하였다가 1986년에 기북면

으로 승격시키면서 분리가 되었다. 현재는 포항시 북구 기계면이다.

기계의 진산鎭山은 운주산(807.3m)이다. 산이 높아 늘 구름이 머물러 있다는 뜻에서 이름 붙인 운주산과 봉황이 내려앉은 모양이라는 뜻의 봉좌산(589m)이 기계를 둘러싸고 있어 포항에서 대구 방향으로 고속도로를 타고 가면 서포항IC를 지나 고속도로 양옆으로 운주산과 봉좌산을 바라보며 영천으로 접어들게 된다. 봉좌산과 운주산이 영천으로 넘어가는 길목이 되는 셈인데 봉좌산에서 흘러내리는 계곡에 봉계鳳溪 마을이 있다. 임진왜란 때 경주김씨 기계 입향조인 김언헌이 칡숲을 쳐내고 마을을 일구었기에 벌치동伐致洞이라 하던 것을 간단히 치동이라 부르기도 한다. 치동 어귀에는 개울이 흐르는데, 고려 공민왕 때 홍수로 황폐해진 전답을 호미로 복구하였다 하여 호미 설鐴자를 따서 설내鐴川라 부른다. 산에서 내려오는 계곡에는 경상북도 유형문화재 제450호로 지정된 분옥정이라는 정자가 있다. 조선 숙종 대 돈옹공 김계영(1660~1729)의 덕업을 찬양하기 위하여 순조 20년(1820)에 경주김씨 문중에서 건립하였다. 김계영은 성균관에서 대과를 준비하다가 망국적인 당쟁과 권력에 대한 욕구로 얼룩진 당시의 사회상에 염증을 느끼고 결연한 심정으로 벼슬길을 체념한 뒤 돌아와 후학양성에 전념한 인물로, 분옥정에서 조금 상류로 올라간 바윗돌에 씻을 세洗, 귀 이耳, 여울 탄灘의 '세이탄洗耳灘'이라는 글귀를 새겨 두었다. 이 여울에서 자신의 귀를 씻었단 뜻으로 난세와 결별하겠다는 의지를 나타낸 말이다. 포항에 이런 정자가 있었던가 할 만큼 주변의 풍광과 잘 어울리는 분옥정은 용계정사라고도 불리며, 출입을 건물 뒤편으로 하고 앞면은 계곡물을 향하도록 배치하고 있는 丁자형의 목조 기와집이다. 정원에는 수령 300년의 키 낮은 향나무와 400년의 높이 자란 소나무가 마주하고 있어 고풍스런 흙담과 더욱 잘 어울린다.

분옥정
(경상북도 유형문화재 제450호)

분옥정에서 마을로 조금 내려오면 마을 가운데 못을 만난다. 300여 년 전 한 나그네가 지나가면서 여기 치동 마을 사람들에게 마을형상이 불이 자주 나는 지형이라고 알려 주었다. 경주김씨 집성촌인 이 마을 사람들은 마을 가운데 저수지를 만들고, 큰 마을에 있는 저수지란 뜻으로 대촌지大村池라 불렀다. 이후 말미들에 농업용수를 공급하면서부

터는 말미평지馬未平池라고 하였다 한다. 이 곳에서 단연 눈에 띄는 것
은 300년 된 두 그루의 왕버들이다.

버드나무는 물을 좋아한다. 뿌리가 물을 정화시키는 작용을 한다 해
서 우물가에 버드나무 등을 심기도 했다. 버드나무는 종류가 많다. 가
지가 축축 처지는 수양버들, 능수버들 그리고 버들강아지라고도 부르
고 버들피리 만드는 갯버들 말고도 그냥 버드나무라고 부르는 나무도
있다. 하지만 이러한 버드나무와는 달리 위풍당당한 버드나무가 바로
왕버들이다. 이름부터 '왕'이 들어 있지 않은가. 수명이 짧은 다른 버
드나무류에 비해 왕버들은 오래 살아 정자나무로도 많이 남아 있는데,
봉계의 왕버들은 물가에서 건강하게 자란 품이 보는 이까지 힘이 쏟게
만든다. 2013년에는 이 일대에 수변공원이 조성되어 물가에 정자도
만들어져 있다.

이제 마을을 좀 더 내려올수록 점차 넓어지는 설내鑷川를 만난다. 설
내는 기계천으로 흘러드는 개울이다. 개울둑을 따라 약 1.5km에 걸
쳐 아름드리나무들이 숲을 이루었는데 바로 설내숲이다. 하지만 예전
의 무성했을 숲을 다시 못 보는 건 안타깝다. 느티나무, 팽나무, 느릅
나무, 말채나무, 지금도 남아 있는 나무들이 예사롭지 않은데 하천정
비를 하면서 더 많은 나무들이 사라지고 말았다. 일부는 포항 도심의
철길숲이 조성되면서 옮겨 심어졌다고 하니, 도심에서 설내숲의 오래
된 나무를 볼 수 있는 걸 오히려 다행이라 여겨야 할지도 모르겠다. 하
지만 설내숲은 설내숲대로, 옮겨진 노거수는 노거수대로 원래의 모습
을 볼 수 없는 점은 분명하다. 더군다나 하천정비 외에도 여러 현대적
건물과 주차장을 갖춘 시설물들이 조성되면서 훼손되었을 숲을 생각

하면 납득이 되지 않는다. 몇 년 전부터 공사 중이던 건물이 이번엔 그 이름이 붙었다. '농경철기문화 테마공원'. 소개 글에는 '거대한 에코뮤지엄(ECO-MUSEUM)'이라는 설명도 덧붙였다. 봉황이 내려앉아 이름 지어진 봉좌산과 그 계곡에 문화재 정자와 훌륭한 숲이 있는 봉계리와 농경철기가 어떤 연관이 있는지는 좀 더 알아봐야 할 일이다. 하지만 테마공원에 물놀이 체험장은 더욱 이해가 안 된다. 이곳에 과연 물놀이를 이용할 사람들이 얼마나 될까. 게다가 만들어진 시설물들은 사용하지도 않은 채 늘 방치되진 않을까. 걱정이 앞선다. 숲의 보존과 이용은 늘 이렇게 좋은 결론을 내지 못하는 것 같아 아쉬울 따름이다. 이러한 아쉬움은 미안할 정도인데, 바로 힘들게 살아가고 있는 시무나무가 대표적이다.

　시무나무는 이름부터 생소한 분들도 많으리라 본다. 우리나라와 중국에만 분포하는 세계적으로 희귀한 나무로 학술적인 가치 또한 크다고 한다. 예전에는 시무나무가 오리나무처럼 거리를 나타내는 이정표로 심었다고 한다. 5리마다 오리나무를 심은 것처럼 10리나 20리마다는 시무나무를 심는 식이다. 모양은 느릅나무와 비슷하고 작은 가지가 변한 가시가 있다. 당산나무처럼 크게 자라기도 한다는데 설내숲의 시무나무는 힘겨워 보인다. 줄기에는 켜켜이 쌓인 이끼가 세월을 느끼게 하는데 수령이 무려 300년이나 되었다고 한다. 하지만 나무의 가운데 목질부는 텅 빈 채로 하천의 콘크리트 옹벽과 새로 난 콘크리트 다리 사이에 끼어 있는 듯한 모습이다. 주변의 높아진 지반으로 인해 뿌리에 부족한 공기를 공급하기 위해 마른 우물이라 해서 주변을 우물처럼 공간을 만들어 겨우 유지되고 있는 모습이 측은하다.

기계 지역을 기동, 기서, 기남, 기북으로 나누었을 때는 설내 주변은 기남의 영역이다. 도로 이름도 '기남로'이고 기남경로당이 남아 있고 예전에는 기계초등학교 기남분교장이 이곳 봉계에 있었다. 1957년 기계초등학교 봉계분교장으로 설립되어 이후 기남국민학교로, 다시 기계초등학교 기남분교장으로 이름을 바꾸다가 1994년 기계초등학교 본교로 통폐합되었다. 참고로 기계초등학교는 몇 년 후면 100회 졸업식을 가질 만큼 오랜 학교이다.

　　기남분교가 있던 자리에 지금은 봉좌마을교류센터가 만들어져 있으며 오토캠핑장, 글램핑장 등으로 활용되고 있다.

　　봉계와 설내 등 일대는 봉계1리에 해당하는데, 인근 봉계2리에는 관평灌坪, 이동伊洞과 같은 자연부락이 있다. 관평灌坪은 물 댈 관灌자를 쓴 걸로 보아 '물 대기 좋은 들'이라는 뜻으로 지어진 마을 이름이고, 이동伊洞은 윤尹씨 들만 사는 마을이어서 윤동尹洞이라 하였다가, 차츰 다른 성씨가 이주해 와서 사람 인人자를 붙여 이동伊洞이라 지어졌다 한다. 관평에는 파평윤씨 시조인 태사공 윤신달의 묘와 묘지를 관리하기 위해 후손이 조선 영조 28년(1752)에 처음 건립하여 경상북도 문화재자료 제201호로 지정된 봉강재가 있어 둘러볼 만하다.

- 2020. 3. 5. 《경북일보》

기계면 봉계1리 1536 시무나무 (300년)

형편이 좋은 친구보다, 그렇지 못한 친구를 보면 마음이 애처로워집니다. 측은지심일까요. 나무도 마찬가지입니다.

풍성한 가지와 잎을 가진 나무들은 보는 것만으로도 넉넉해지지만 이번에 소개드리는 이런 나무들을 보면 안타깝습니다. 특히 멀쩡하게 잘 살던 나무를 개발이라는 이름 하에 훼손한 탓에 그리되었다면 더욱 미안한 마음이 듭니다.

시무나무. 나무 이름조차 처음 들어보신 분들도 많을 겁니다. 흔치 않아 20리마다 심었다는 나무.

  '시무나무는 우리나라와 중국에만 분포하는 세계적으로 희귀한 나무
  로서 학술적인 가치 또한 크다.'

책의 내용이 무색토록 이렇게 방치하고 있는 게 부끄러울 따름입니다.

- 2018. 11. 1

기계면 봉계리 175 왕버들 (300년)

버드나무의 왕, 왕버들에 도깨비가 산다구요?

오래 산 왕버들의 몸통은 썩어서 비어 있는 경우가 있는데 나무에 인燐 성분이 있어서 어두운 밤에 종종 불이 비치게 됩니다.

특히 비 오는 밤에 불빛이 두드러져서 마치 도깨비들이 모여 춤을 추는 것처럼 보인다 해서 귀류鬼柳, 도깨비 나무라고 합니다.

- 2019. 5. 30

기계면 봉계리 739 소나무 (410년)

나무를 찾아 다니다 보면 포항에 드물게 있는 옛 정자를 발견하는 것 또한 큰 즐거움입니다.

흥해 초곡리 칠인정 – 느티나무, 배롱나무
신광 우각리 오의정 – 향나무
기북 덕동마을 용계정 – 은행나무, 향나무
그리고 이곳 기계면 봉계리 분옥정 – 소나무, 향나무.

경상북도 유형문화재로 지정된 분옥정은 조선 순조 때의 건축물로, 내년이면 지어진 지 200년이 됩니다. 200년 고건축물과 400년 노송의 어울림만으로도 지친 일상의 큰 위안이 됩니다.

- 2018. 12. 27

포항에 사는 나무 14

기계면 봉계리 739 향나무 (300년)

기계면 봉계리에는 '분옥정噴玉亭'이라는 조선시대 정자가 있습니다.
평소에도 개방되어 있어 정자 마루에 앉아 물 흐르는 소리 듣는 것이
일품입니다.
향나무라 하면 일본산인 가이스카향나무가 더 흔한 요즈음에 고풍스
런 흙담과 어울려 토종 향나무는 그 기품이 다릅니다.
향나무 뿐만 아니라 이미 소개드린 소나무, 왕버들, 시무나무 및 여러
그루의 느티나무 들이 있어 기계면 봉계리는 오래된 나무 자연박물관
이라 할 수 있는 곳입니다.

- 2019. 7. 11

포항에 사는 나무 15

기계면 봉계리 1536 느티나무 (400년)

봉좌산 아래로는 '설내'라는 개울川이 있고
설내 개울 둑을 따라 설내숲이 있습니다.
이제 또 얼마 후면 저렇게 아름답게 물들겠지요.
계절의 변화를 색깔로 표현할 수 있는 것이 나무입니다.
나무 중에서도 단연 느티나무가 으뜸입니다.

- 2019. 8. 22

1972년 덕동 마을
사진제공 : 이동진

덕동 마을숲

포항시 북구의 오래된 마을인 기북면 오덕리에 위치한 '덕동마을'은 경주의 양동마을과 맥이 닿아 있는 곳이다. 경주의 양동마을은 아시다시피 회재 이언적 선생의 족적을 느낄 수 있어 유명하다. 회재 선생은 조선시대 유학을 대표하는 '동방 5현'의 한 사람으로 정여창, 김굉필, 조광조, 이황과 함께 성균관 문묘에 위패가 봉안돼 있는 대유학자이다. 덕동마을의 입향조인 사의당 이강은 회재 이언적 선생의 동생인 농재 이언괄晦齋 李彦适(1494~1553) 선생의 후손이다. 즉, 덕동마을은 이언적 선생의 아우인 농재 이언괄 선생의 후손이 이주하여 여강이씨 집성촌으로 형성되었다. 이언괄의 호는 이언적의 편지에서 비롯하였는데, '일체의 시사時事에 대해 어리석은 사람처럼 귀먹은 사람처럼 하라'는 가르침에 따라 호를 귀머거리 농聾자를 써서 '농재聾齋'라 하였다. 조정에서 여러 번 불렀으나 나아가지 않고, 고향에서 학문을 닦는 것을 즐거움으로 삼았다 한다. 형 이언적이 조정에 나아가 관직 생활을 하는 동안 형 대신 부모님을 극진히 모시는 등 남다른 효성을 보였고 형과의 우애 또한 돈독하였다. 그러니 그의 후손들이 '덕' 자를 마을 이름에 붙여 '덕동'이라고 한 것이 이해가 된다.

덕동마을은 비학산이 둘러싼 안자락에 살며시 자리한 고택들로 이뤄져 고즈넉함과 전통미를 그대로 간직한 곳이다. '덕동德洞'이라는 의미는 '덕 있는 인물이 많다'는 뜻으로 이해할 수 있는가 하면, 신라시대 때 조성되었다는 덕인사라는 사찰 이름에서 유래했다는 얘기도 있다. 시대에 따라 '덕'을 유교적 개념이나 불교문화로 받아들일 수 있을 테다. 아무튼 여기 옛 지명이 '송을곡松乙谷'으로도 불렸다고 하는데, 덕동마을 사람들은 고택과 마을의 내력을 전하는 유물과 유산을 잘 보전해 덕동민속전시관과 체험관을 운영하고 있다. 무엇보다 덕동마을이 더욱 사랑스러운 이유는 뛰어난 숲이 같이 있기 때문이다. 바로 덕동마을숲이다.

덕동마을을 포함한 오덕리 일대는 전통문화마을로 지정되면서 옛 숲을 복원하고 관리해 아름다운 산책로를 조성해 왔다. 특히 덕동 마을숲은 350여 년 이상의 역사를 가졌는데 풍수지리에 의해 산줄기가 마을 양옆을 감싸고 있어 마을 앞쪽이 노출되는 것을 막기 위해 조성하는 '수구막이숲' 형태이며, 크게 송계숲, 정계숲, 섬솔밭이라 부르는 도송島松으로 구성되어 있다.

덕동마을에 들어서면 이 마을의 유서 깊음을 대변하는 듯 입구에서부터는 죽 늘어선 소나무숲이 조성되어 있다. 이렇게 아름다운 숲이 마을로 들어오는 방문객을 먼저 맞이한다.

덕동 마을숲의 수종은 소나무가 많은데 마을 입구에 조성된 송계숲은 잘생긴 소나무들 사이로 느티나무 당산목과 은행나무, 팽나무 등이 자리하고 있다. 정계숲은 마을 중간 부근의 숲으로 이 마을의 자랑인 용계정을 한층 돋보이게 하는 숲이다. 여기에 도송이라는 섬솔밭이 있는데 이곳이 특히 아름다운 이유는 섬솔밭 앞에 '호산지당'이라는 연못이 있기 때문이다.

덕동은 예로부터 지형이 산세는 강하나 수량이 적어 인물이 배출되지 않는다고 전해 왔다고 한다. 섬솔밭 앞은 원래 물이 흐르던 곳이었으나 1930년대는 덕동사설학당이 건립되어 학당 운동장으로 사용되기도 하였던 것을 1974년에 흙둑을 쌓고 양어장을 만든다는 구실로 물을 끌어들였고 2008년 연못을 만든 게 오늘날 호산지당이다. 그리고 회나무 우물도 복원을 하였다. 모두 다 수량이 적은 형세를 보완하기 위해서였을 테다.

그런데 여기 마을숲에 가면 유심히 챙겨 보았으면 하는 게 있는데, 나무마다 이름표가 달려져 있는 것을 확인할 수가 있다. 이름표는 이곳 주민이 나무 하나씩을 맡아 관리하면서 해당 나무의 관리자를 표기한 셈이다. 물론 이미 오래 전부터 덕동마을 주민은 마을숲을 관리하면서 수입과 지출을 정리한 장부 '송계松契'를 작성했다고 한다. 송계는 우리 농촌에서 마을 단위의 품앗이나 두레를 통해 협업하던 방식이 모태가 되었으리라고 본다. 마을주민 간의 협업이나 친목을 도모하기 위해 조직된 모임이 나무를 가꾸고 숲을 보전하는데도 함께할 수 있게끔 고안한 것이리라. 오늘날 공동체 정신이 이곳에서는 벌써부터 실천되어 왔다는 데서 놀라지 않을 수 없다.

한편 이렇게 집마다 대를 이어가며 자기가 돌보는 나무를 살핀다는 일이 한 집안을 잇는 하나의 구심점이 될 수도 있으리라고 본다. 이렇게 오랜 시간 주민들이 가꾼 마을숲이 사람들에게 알려지면서 이곳은 1992년 문화관광부로부터 문화마을로 지정되었고, 2001년에는 환경친화마을로까지 지정받게 되었다. 또 2006년도에는 아름다운 숲 전국대상으로 '덕동 마을숲'이 선정되어 국내에서 가장 아름다운 숲으로 인정받고 있다.

덕동마을에는 30여 채의 고택이 남아 있으며, 이렇게 마을숲에 이르는 길을 따라 찬찬히 걷다 보면 용이 누웠다가 승천했다는 와룡암, 홍예가 아름다운 돌다리인 통허교, 용계천과 호산지의 물이 만나는 합류대, 회나무 우물 등 아기자기한 자연을 만날 수 있다. 그러고 보니 덕동마을 곳곳에는 굽이 흐르는 물길과 함께 아름다운 절경도 많은데, 여기 사의당을 중건했을 당시 기문을 지은 계옹 이헌속이 명명한 덕계구곡德溪九曲과 덕연구곡德淵九曲이라 일컫는 아홉 개의 명소가 있다. 본래 주자의 무이구곡에 연원을 둔 구곡문화를 반영하는 것이라는데 아름다운 자연을 묘사하면서도 여기에 성리학을 통한 수행의 과정을 담고 있다고 한다.

먼저 계옹 선생이 명명한 덕계구곡의 제1곡은 물이 흐르는 연못이라는 수통연水通淵, 제2곡은 속세를 멀리한 너른 바위라는 뜻의 막애대邈埃臺, 제3곡은 수월암水月庵, 제4곡은 용계정, 제5곡은 섬솔밭, 제6곡은 합류대合流臺, 제7곡은 구름이 피어오르는 연못이라는 운등연雲騰淵, 제8곡은 용이 누운 바위라는 뜻의 와룡암臥龍巖, 제9곡은 자금산을 가리킨다. 전해지는 또 다른 구곡인 덕연구곡은 수통연, 막애대, 서천폭포, 섬솔밭, 용계정이 자리하는 곳에 위치한 연어대鳶魚臺, 합류대, 운등연, 와룡암, 가래못㙮淵이다.

이렇게 두 개의 구곡에서도 빠지지 않고 등장하는 용계정(경북 유형문화재 제243호)은 덕동마을의 자랑이다. 이 건축물은 농재의 4대손인 사의당 이강이 1687년에 착공하여 손자인 이시중 때 완성하게 되었고, 이후 이시중의 손자인 이정응이 1778년에 다시 중수해 지금에 이르렀다고 한다. 이름은 정자라고 붙였지만 형식면에서는 누각인데 정자 앞에는 용계라는 맑은 시냇물이 흐르고 바위가 운치 있게 흐트러져 그야말로 선경이다.

용계정이 완공되고 80년 정도 지나 후원에 이강의 5대 조부와 농재 이언괄을 배향할 사당인 세덕사世德祠를 건립했다. 그리고 용계정인 사의당 본채를 세덕사 문루로 바치고 '연연루'라 이름을 바꾸었다. 그러다가 고종 5년(1868)때 대원군의 서원 철폐시 훼철하라는 명이 있게되자 연연루로 변경된 현판을 '사의당'과 '용계정' 옛 현판으로 바꿔달고, 하루 밤 사이에 후원에 지어졌던 다른 건축물과 구분되게 그 사이에 담장을 축조하여 마치 사당인 세덕사와는 구분되는 독립된 건물로 보이게 하여 사의당 건물은 훼철되는 화를 면하게 되었다.

덕분에 지금도 이곳 마을주민들은 마을 회의가 있을 때는 용계정을 이용한다고 하는데, 용계정 주변으로는 수백 년 된 은행나무, 향나무, 배롱나무 등이 있어 옛 선비의 풍모를 가늠하게 한다.

- 2019. 10. 17. 《경북일보》

♠ 참고문헌

『포항 덕동민속전시관 도록』(포항시, 2018)

포항에 사는 나무 16

기북면 오덕리 180 (덕동마을) 은행나무 (430년)

지금으로부터 약 1억 5천 년 전에 나타나 그 모습 그대로 유지하고 있는 나무. 그래서 '살아 있는 화석'이라 불리는 나무가 은행나무입니다. 노란 은행잎이 단연 으뜸이지만 여린 연초록의 잎에서는 생명력을 느낍니다.

중국에서는 은행나무를 공자의 행단杏壇에 많이 심었는데 이를 본따서 우리나라에서도 문묘나 향교, 사찰의 경내에 많이 심었습니다.

멀리 용문사의 은행, 가까이 운곡서원의 은행이 있다면 우리 포항에는 덕동마을 은행이 있어 고맙습니다. 덕동 마을숲은 2006년 아름다운 숲 전국대회에서 대상을 차지하기도 했습니다.

- 2019. 4. 25

기북면 오덕리 180 향나무 (200년)

덕동마을에는 구곡, 삼기, 팔경이 있습니다.

구곡九曲은 경관이 수려한 아홉 곳을 뜻하고 삼기三奇는 용계정 주변에 기이한 형상을 하고 있는 세 곳. 팔경八景은 자금산에서부터 시작되어 내려오는 부채꼴 모양의 경관을 말합니다.

이번에 소개드리는 향나무는 삼기 중 하나로 '층대와향', 즉 층계 누대처럼 누워서 자라고 있는 향나무란 뜻입니다. 삼기 중 나머지 둘은 '석간용천', '후원반송'을 말하는데 용계정 후원에 있던 소나무는 고사하여 지금은 볼 수 없어 아쉽습니다.

- 2019. 10. 10

기북면 대곡2리 699 팽나무 (300년)

나목裸木

- 신경림 〈쓰러진 자의 꿈(1993)〉

나무들이 실오라기 하나 걸치지 않고 서서
하늘을 향해 길게 팔을 내뻗고 있다
밤이면 메마른 손끝에 아름다운 별을 받아
드러낸 몸통에서 흙 속에 박은 뿌리까지
그것으로 말끔히 씻어 내려는 것이겠지
터진 살갗에 새겨진 고달픈 삶이나
뒤틀린 허리에 밴 구질구질한 나날이야
부끄러울 것도 숨길 것도 없이
한밤에 내려 몸을 덮는 눈 따위
흔들어 시원스레 털어 다시 알몸이 되겠지만
알고 있을까 그들 때로 서로 부둥켜안고
온몸을 떨며 깊은 울음을 터트릴 때
멀리서 같이 우는 사람이 있다는 것을

- 2019. 1. 10

1971년 죽장면 입암리

죽장

신라시대에는 장진현長鎭縣으로 영천에 속했다가 고려 태조 때 죽장竹長으로 개명하고 죽장이부곡竹長伊部曲으로 낮추어졌다가 조선 초기에 죽장현으로 승격되어 오랫동안 경주부의 관할 하에 있었다. 1906년 경주군의 죽장면이 죽남면과 죽북면으로 나눠지면서 청하군에 편입이 되었다. 1914년 행정구역 개편 때 청하군은 영일군에 통합되었으니 영일군 죽남면, 영일군 죽북면이다가 1934년에 죽북면, 죽남면 2개 면이 죽장면으로 다시 합쳐지면서 영일군 죽장면이 되었다.

매현 마을숲

　포항시 죽장면 가사리 가사재에서 발원하여 서남쪽으로 흘러 죽장면 소재지 부근에서 자호천과 만나는 가사천佳士川은 금호강으로 흘러드는 가장 맑은 물 중 한 곳이다.

　물이 맑아서일까. 40리에 달하는 가사천을 따라 위치한 죽장면 매현리와 입암리 일대는 포항에서는 물론 경북에서도 풍광이 좋은 곳으로 유명하다. 그 옛날 여헌 장현광 선생(1554~1637)도 이곳의 경치에 반해 아예 터전을 잡지 않았던가.

　입암리라는 지명을 풀어보면 설 립立자에 바위 암巖자니까 '선바위'

가 된다. 가사천 계곡에는 높이 20m의 '선바위'가 높이 솟아 있는데 그 옆으로 절벽에 의지하여 자연석 축대를 쌓고 '일제당'이라는 팔작지붕 건물이 있다. 여헌 장현광 선생이 그의 벗들과 학문을 강론하던 곳으로 한 폭의 그림처럼 아름다운 곳이다. 영천에 계시던 노계 박인로 선생도 자호천을 거슬러 올라와 여헌 선생을 뵈러 일제당을 찾았다. 송강 정철, 고산 윤선도와 더불어 조선 시대 가사 문학의 대가라 불리는 노계 선생 또한 일제당 주변 가사천의 풍광에 매료되어 〈입암별곡〉, 〈입암〉 29수 등을 남기셨다.

일제당 건너에는 입암서원이 있다. 여헌 장현광 선생을 비롯 권극립, 정사상, 손우남, 정사진 네 분을 배향하고 있다. 이들 네 분은 흔히 '입암사우立巖四友'로 불리는 분들로, 청송에 계시던 여헌 선생을 죽장면 입암리로 모시고 온 분들이다.

"천공이 유의하셔 사우께 깃치시니 (하느님이 뜻이 있어 사우께 끼치시니)
일반 화산으로 여헌을 청하신대 (반쯤 꽃핀 화산으로 여헌을 청하시니)"

입암사우 네 분이 여헌을 모신 이야기를 노계 선생은 〈입암별곡〉에 이렇게 남겼다.

임압서원은 수많은 학자를 배출하고 학문을 강론하던 곳이었는데 흥선대원군의 서원철폐령 때 훼손되었다가 오늘날 남아 있는 건물은 1913년에 복원되었다.

입암서원을 지나 가사천을 따라 거슬러 올라가면 물가 가까이에 오래된 나무들로 어우러진 숲을 볼 수 있는데 바로 매현 마을숲이다. 물가 가까이 큰 나무들이 있어서 경치도 좋지만 큰 나무들의 그늘이 물가에까지 드리워져 여름 물놀이 장소로는 안성맞춤이다.

매현梅峴은 우리말로 '산 고개'라는 뜻의 묏재, 멧재, 밋재 등으로 불렸던 발음을 살려 한자로 표기한 것이다. 마을 앞에는 병암산이 있고 매현1리(아랫묏재 마을)에는 3기의 고인돌이 있는 것으로 보아 선사시대 때부터 사람이 모여 살았을, 이곳이 꽤 오래된 삶의 연고지임을 짐작하게 한다. 뿐만 아니라 매현 마을숲에는 숲 중앙에 큰 느티나무가 당산나무로 자리 잡고 있어 마을의 오래된 내력을 말해준다.

느티나무는 우리 민족의 마을 신앙이나 식물자원에서 중심에 있는 나무이다. 느티의 어원이 느티나무가 지닌 신성神性의 어떤 징조라는 뜻의 '늦'과 수목 형상이 위로 솟구친다는 뜻인 '티'가 어우러진 한글 말이라 한다. 선사시대 때부터 우리나라에서 자생해 온 고유종으로 자연스레 사람이 모여 사는 마을 근처에서 그 존재감을 드러낼 수 있었고, 나무의 재질이 단단해 여러 가지 도구의 재료목으로 사용되어 왔다. 특히 우리나라에서는 최고급의 목재로 느티나무를 이용했다고 한다.

흔히, 느티나무의 생장 주기와 그 모습은 삶의 방식과 비유가 된다. 느티나무가 살아가는 방식은 너그럽고 느긋하며, 때론 늠름하다 할 수 있다. 느티나무 아래는 사람이 쉴 수 있는 커다란 그늘을 제공하며, 그로 인해 이 공간은 서두를 것 없는 느림의 시간과 공간을 선사한다. 그리고 자연과 삶이 어우러져 하나의 종교적 삶을 시작하게 된 고대서부터 우리와 함께해 온 나무이다.

매현리 당산나무인 느티나무는 흔히 다른 곳에서 보는 느티나무보다 곧고 높게 자란 수형이 특징이다. 가사천을 건너 아름드리 나무들이 이룬 숲과 어울려 태곳적 신비함을 느끼게 된다. 수백 년 벗겨져왔을 나무껍질은 그 자체로 연륜이고 굵은 나무 몸통에 둘러쳐진 금줄과 더불어 신령스러움이 가득하다.

　요즈음 마을 신앙의 의미는 흐릿해졌지만 여기 매현리 당산숲은 여전히 마을주민들의 정신적 지주로 자리하는 것처럼 보인다. 느티나무 노거수에 곱게 매단 금줄이 그리 오래 되어 보이지 않으니 말이다. 사실 우리의 마을 신앙에서 장승이나 솟대, 탑 등은 마을을 위하는 조형물을 인공적으로 만든 후 받들게 되는데, 당산나무는 있는 그대로의 나무를 모시는 경우로 그 신앙적 형태가 가장 원초적인 대상물로 여겨진다.

　매현리 마을주민은 이 당산숲을 깨끗이 정성스럽게 다듬고 챙긴다.

마을에서는 원래 정월 보름과 칠월 보름인 백중 날에 당제를 지냈는데, 지금은 칠월 보름날에 당제와 함께 풍농을 기원했던 천제를 합쳐 일 년에 한 번 동제를 지내고 있다. 하지만 군에 입대하는 청년들은 이곳에 참배한 후 당산나무를 한 바퀴 돌고 나서 떠나는 풍습은 여전히 남아 있다고 한다. 한편, 마을 자치회에서 선출한 제관은 당제를 올리기 열흘 전부터 숲을 청소하고 이곳에 금줄을 친 뒤 제관 이외에는 숲 출입을 막았다.

만약 제관 외에 다른 사람이 출입하면 동티, 즉 마을의 규율을 어긴 사람은 탈이 난다고 한다. 이 마을 전설에 따르면 어느 날 당제를 부실하게 지낸 제관 앞에 호랑이가 나타나 겁을 주기도 했다고 한다. 대개 이런 부류의 이야기는 당산나무에 깃든 영험함과 신령을 표현하는 이야기로 오랜 세월 당산나무를 지키고 보호하기 위한 조상의 지혜에서 비롯되었다고 본다. 한동네 사람이든 외지 사람이든 당산나무를 조금이라도 다치게 하면 벌을 받는다는 종교적인 신념이 있었기에 우리가 지금 이렇게 아름다운 노거수를 만날 수가 있는 것이다.

입암리와 매현숲 일대 풍광의 아름다움 뒤에는 잊어서는 안 될 슬픈 역사가 있다.

바로 구한말 의병 이야기이다. 문경새재의 이남지역을 '산남'이라 하여 영남지역의 의병부대를 '산남의진'이라 한다. 산남의진은 영천의 정환직, 정용기 부자가 고종의 밀지를 받들어 조직하였다. 다른 의진은 대장 당대에서 끝났다고 하면 산남의진은 3대에 걸쳐 대장을 이어가며 1906년부터 무려 5년간 활동을 하였는데, 창의소는 영천시 자양면 검단동(현재의 충효동)에 두었지만 죽장면 일대가 당시 의병항쟁의 주요 격전지였다.

1907년 10월 7일 입암리에서 전투가 있었다. 비록 해산된 군인들이 합류함으로써 보강은 되었다고 하나 나라를 구하겠다는 일념으로만 뭉친 유림 선비들과 산간포수들이 주된 구성원이었던 의병에 맞선 일본군은 의병 토벌대 정예 병력이었다. 전투 경험이나 화력에서 비교가 되지 않는 전쟁이었다. 입암리에 쉬고 있던 일본군을 먼저 기습한 것은 우리 의병이었다. 기습 총소리에 매현리에 남아 있던 본진도 가세하였고 일본군이 모두 전사한 것으로 오판한 의병들은 입암서원 앞 주막에서 늦은 저녁밥을 먹으며 방심하고 있었다. 오전 0시가 넘어서 일본군은 주막에 있던 의병들에게 집중사격을 가하였다. 이날 전투로 정용기 대장을 비롯 40여 명의 의병들이 허무하게 전사하였다.

안타까운 역사의 현장, 주막은 입암서원에서 100보 정도 떨어진 곳에 있었다고 하나 지금 그 흔적을 찾아볼 수는 없다.

지금도 흐르는 입암서원 앞 가사천 냇가에는 〈입암〉을 노래한 노계 박인로 시비가 있다.

- 2019. 9. 19. 《경북일보》

죽장면 입암1리 산22 은행나무 (320년)

나무에 대한 지식 못지않게 나무가 선 자리, 즉 우리 고장의 이야기를
알아가는 것 또한 재미가 있습니다. 오늘은 그래서 우리 지역에 있는
시비詩碑입니다.

아이야, 우리 식탁엔 은쟁반에

하이얀 모시 수건을 마련해 두렴

이육사의 〈청포도〉가 동해면에서 쓰였다는 사실은 이제 꽤 알려진 이
야기입니다. 기계면에는 그 지명 이름이 시로 쓰여진 〈기계장날〉이라
는 박목월 시인의 시비가 그 고장을 풍성하게 합니다.

오늘 은행나무와 관련해서 떠오르는 인물은 노계 박인로.

정철, 윤선도와 더불어 조선시대 시가문학의 대가로 죽장면에 와서 남
긴 〈입암29곡〉은 빼어난 작품으로 평가받습니다. 노계 선생의 시비는,
은행나무가 장대하게 서 있는 입암서원 맞은편 계곡 가에 있습니다.

노계 박인로 시비

포항에 사는 나무 20
죽장면 매현리 653 느티나무 (520년)

죽장 / 97

쉘 실버스타인의 〈아낌없이 주는 나무〉라는 책이 있습니다. 어린 소년이 노년이 될 때까지 자기의 모든 것을 내어다 주는 나무이야기이지요.

지난해 발간한 '포항숲지도'에 소개한 죽장면 매현숲에는 높이 뻗은 느티나무가 신비한 모습으로 서 있습니다. 그래서일까요. 이곳 사람들은 이 나무에 평안을 기원했습니다.

'아낌없이 주는 나무'의 또 다른 고마움. 나무는 우리가 정서적으로 기대고 의지하는 곳이 되어줍니다.

2019년 새해가 밝았습니다. 나무처럼 건강하게 흔들림 없이 모두 모두 행복하시길 빕니다.

- 2019. 1. 3

죽장면 지동리 80-2 느티나무 (300년)

죽장과 영천을 오가는 길목엔 지동삼거리가 있습니다.

죽장의 여헌 선생과 영천의 노계선생의 교류를 봐도,

구한말 의병이었던 산남의진의 활동무대를 봐도,

죽장과 영천은 왕래가 잦았던 것 같습니다.

오래된 느티나무가 삼거리에 지키고 있어 그간 세월을 다 간직하고 있
을 법합니다.

- 2019. 7. 18

죽장면 지동리 444 느티나무 (400년)

죽장면 지동리에는 보호수로 지정된 느티나무가 두 그루 있습니다.

이미 소개드린 지동삼거리에 한그루.

영천시 자양면과 접경지역에 또 한그루.

영천호로 흘러드는 자호천 따라 69번 국도변. 느티나무가 서 있는 마을은 산남의진 이한구 의병장 생가도 있습니다.

느티나무에도 초록이 지쳐가는 계절입니다.

— 2019. 10. 17

현내 마을숲

현내리縣內里는 '현縣의 소재지 내에 있는 마을'이란 뜻이다. 신라 시
대 장진현長鎭縣이라는 이름으로 불릴 때부터 줄곧 죽장지역의 중심지
역할을 해 왔던 마을이다.

1914년 행정구역 개편 때 영일군 죽북면에 편입되면서 면소재지를
합덕리에 두었다가 죽남면과 죽북면이 1934년에 죽장면으로 통합되
면서는 입암리에 면사무소를 두었다.

죽장의 진산인 광재산光才山이 마을 북쪽에 있다. 현내리의 중심은 '창마'로 창倉이 있었다고 붙은 이름이다. 창고는 현물세를 징수하고 보관하던 곳이다. 이 마을 출신으로 산남의진 중군장을 지낸 이한구 의사의 묘가 마을 입구에 있고 마을 앞에 수백 년 수령의 느티나무를 중심으로 작은 숲이 묵묵히 마을을 지키고 있다. 숲에는 세 개의 비석 이 있어서 마을의 내력을 더하는데, 오랫동안 경주부慶州府 관할하에 있 었기 때문에 모두 경주 부윤府尹의 송덕비이다.

포항에 사는 나무 23

죽장면 현내리 138 느티나무 (490년)

올해가 3·1절 100주년입니다. 3·1절과 관련된 포항의 나무는 송라면 대전리 두곡숲에 위치한 느티나무가 대표적입니다.

포항은 구한말 의병활동에서도 역사에 남길 사건들이 많았습니다. 1906년부터 시작된 산남의진(산남山南 : 문경새재 이남, 즉 영남지역, 의진 義陣 : 의병의 군대). 바로 포항의 죽장 지역을 중심으로 이루어졌습니다. 산남의진에 참여한 이한구 의사의 고향이기도 한 현내마을에는 의진에 참여한 의병들도, 그들로 인해 갖은 고초를 겪었을 그분들의 가족들도 바라보았을 느티나무숲이 잎을 다 떨군 채 말없이 오늘도 서 있습니다.

- 2019. 2. 28

죽장면 현내리 565 느티나무 (350년)

나무樹의 모양形을 '수형樹形'이라고 합니다. 오래 사는 대표적인 나무 중에 가장 수형이 다양한 것이 느티나무가 아닐까 합니다.

현내리 느티나무는 굵고 힘 있어 보이는 짧은 줄기와 풍성한 나뭇잎이 강인하면서도 넉넉해 보입니다.

오늘, 서리霜가 내린다降는 상강霜降은 단풍이 가장 깊게 물든다는 가을의 마지막 절기입니다. 결국 계절의 변화를 가장 잘 느낄 수 있는 것도 자연의 색깔을 통해서입니다.

- 2019. 10. 24

죽장면 합덕리 276 비술나무 (150년)

포항에서 가장 북쪽 산골(?), 죽장. 주왕산의 청송과 바로 맞닿아 있으니 나무와 숲이 예사롭지 않습니다. 바다 이미지 외에도 포항에는 이렇게 수려한 산과 숲이 있다는 것이 제일 큰 자랑입니다.

지금은 폐교가 되었지만 죽장초등학교 죽북분교가 있던 자리는 어릴 적 가을 운동회 때의 동심을 떠올릴 그 시절 그대로 있습니다. 한껏 뻗은 버즘나무(플라타너스)를 비롯해서 울창한 숲을 이룬 상태로 말입니다. 운동장 한편에 귀한 나무가 있어서 여느 학교숲과 다르게 다시 찾게 됩니다.

비술나무.

생물 시간에 외운 기억이 나시나요? '종, 속, 과, 목, 강, 문, 계.'

비술나무는 느릅나무, 느티나무, 팽나무 그리고 지난번 소개드린 시무나무와 함께 느릅나무과에 속하는 나무입니다.

- 2018. 11. 8

죽장면 두마리 476 느티나무 (250년)

나무 그늘이 그리운 계절이지요?

그늘 하면 느티나무가 단연 최고입니다.

동네 꼬마들 여럿 올라가도 꿈쩍도 하지 않을 듬직한 줄기와 시원스레

뻗은 수형樹形까지.

청송군이랑 영천시 자양면과 인접한 죽장면 두마리. 포항에서 가장 서

쪽에 위치한 노거수 느티나무입니다.

- 2019. 7. 3

장기향교(일제,朝鮮慶北長鬐 文廟及公立普通學校)
사진제공 : 이상준

장기

포항의 오래된 마을인 흥해, 연일, 청하와 함께 유구한 역사와 전통이 깃든 장기는 남쪽으로는 경주시 감포읍과 경계를 하고 있다. 장기의 신라 때 지명은 지답현이었다. 그리고 현재의 장기면뿐만 아니라 구룡포와 호미곶까지 포함되는 넓은 지역이었다. 조선 후기 옛 지도를 보면 현재 포항지역은 청하, 흥해, 연일, 장기 이렇게 4개의 군으로 나뉘어져 있었고 호미반도까지 장기였음을 알 수 있다.

한양이랑 멀어서였을까. 게다가 바닷가 지역인 장기는 조선시대 유배지로 적격이었는데 이 분야에 대해 오랫동안 연구를 해 온 이상준 향토사학자에 의하면 장기에 유배 온 사람만 220명에 달한다고 한다. 숙종 때(1675년) 제2차 예송논쟁으로 우암 송시열 선생이, 그리고 정조 때(1801년) 신유박해로 다산 정약용 선생이 장기로 유배 온 것은 익히 아는 바이다. 비록 유배로 내려 왔다하더라도 유배지에 끼치는 영향도 컸다. 저술을 남기고 후학을 키우는 등 학문을 전수하고 문화를 보급하는 일도 자연스레 있었다. 우암 송시열의 뜻을 기리기 위해 세운 죽림서원을 비롯 조선시대 장기현에 서원이 12곳이나 있었다는 사실이 이를 말해 준다. 송시열 선생이 거처하던 곳에는 장기초등학교가 들어섰고 지금도 장기초등학교 교정에는 우암 선생이 심었다고 하는 은행나무가 300년 이상 동안 해마다 가을이면 노란색으로 물든다.

예부터 바다와 육지를 연결하는 교통의 요충지 역할을 해 온 장기는 신라 때부터 중요한 군사기지로 자리했다. 이곳에 국가사적 제386호로 지정된 '장기읍성'이 있다. 장기의 진산鎭山이라고 하는 해발 252m인 동악산에 이어져 있는 장기읍성은 고려 현종 2년(1011년)에 여진족의 해안 침입에 대비해 지어진 토성이었다가, 조선 세종 21년(1439년)에 왜구를 경계하고자 석성으로 다시 쌓았다고 한다. 둘레 1,440m의 타원형으로 우리나라에서는 유일하게 성문이 세 개인데 동, 서, 북 3개의 성문과 문을 보호하기 위해 쌓은 옹성이 있다. 얼마 전 성벽을 새로 보수 수리하면서 수원성, 낙안읍성처럼 조선시대 성벽의 모습을 이곳 장기에서도 볼 수 있다는 게 여간 반갑지 않다. 그리고 다른 읍성과 달리 산 위에 축조되다 보니 동해바다가 한 눈에 들어오는 풍광이 뛰어나다. 특히 동문 옹성의 '배일대拜日臺'는 떠오르는 태양을 맞이하는 곳으로 우암과 다산 선생도 이곳에서 일출을 보았다고 한다. 장기는 일출로 유명한 동해안 바닷가로서 회재 이언적 선생도 장기일출을 시로 남겼고 육당 최남선이 조선에 관한 상식을 널리 알리기 위해 문답 형식으로 쓴 책 '조선상식문답(1946년)'에도 장기일출이 언급되어 있다. 즉, 조선10경이라 하여 조선에서 가장 빼어난 10가지 풍광을 시로 지어 실었는데, 장기일출이 포함되어 있다.

장기숲(임중 마을숲)

　읍성에 올라서면 지금은 성 아래 논으로 된 장기들판이 보이지만 예전에는 나무들로 가득한 장기숲이 있었다. 1938년 일제강점기 때 총독부에서 만든 〈조선의 임수〉라는 책이 있다. '임수'라는 말은 요즘은 잘 안 쓰는 용어이고, 요즘말로는 '마을숲'에 해당한다. 우리나라 강주변이나 해안에 분포하고 있는 81개 지역의 209개 숲을 수록하고 있는데, 그 책에도 '장기임수' 즉, 장기숲이 나온다. 〈경상도읍지〉에 따르면 숲은 길이가 7리, 너비가 1리였다고 하며 면적이 지금 단위로 19ha였다고 하니 규모가 엄청났다는 것을 알 수 있다.

　느릅나무, 느티나무, 팽나무 등도 있었지만 탱자나무, 가시나무 등을 빽빽이 심고 엮어서 목책, 즉 나무울타리를 삼았다는 기록도 보인다. 즉, 돌로 쌓은 산성을 보호하며 성문 앞에 길게 가로로 바닷길을 막는 군사용 역할을 했다. 석성인 장기읍성을 보호하는 또 다른 목성 즉 나무로 만든 성 역할을 했던 것이다. 뿐만 아니라 장기현을 가르며 신창리 바다로 흘러드는 장기천을 따라 임중리, 마현리, 신창리 일대에 걸쳐 숲이 펼쳐져 있어서 수해와 풍해 방지의 효과도 톡톡히 했었다고 기록에 나온다. 하지만 장기숲은 광복 후 장기중학교 건립과 새마을운동의 일환으로 농사짓는 경작지로 개간되면서 숲은 거의 사라지게 되었다. 당시 장기숲의 베어진 나무는 입찰을 통해 매각되었다고 하는데, 주로 숯장사들이 사들여 임내에 숯가마를 만들고 현장에서 바로 나무를 베어다 숯을 만들었다고 한다.

지금은 장기중학교 교정에 십 수여 그루 정도의 나무가 남아 숲의 흔적을 유지하고 있을 뿐이다. 하지만 나무 한 그루 한 그루의 아우라는 대단하여서 훼손 전의 숲의 위용을 충분히 짐작케 한다. 특히 장기중학교 운동장에 200년 된 이팝나무가 있는데, 꽃이 피기 전에는 이팝나무라고 선뜻 알아보기 힘들 정도다. 왜냐면 이렇게 큰 이팝나무를 보기가 흔치 않기 때문이다. 하지만 초록이 무성한 여름날, 흰 꽃을 피우는 이팝나무를 보면 그 황홀함에 탄복하지 않을 수 없다. 여름날 크리스마스 트리라니. 흰 꽃이 소복히 피어 있는 이팝나무 노거수는 마치 겨울철 눈 쌓인 여느 크리스마스 트리보다 더 아름다운 수형에 감탄하게 된다. 또 체육관 앞에는 줄기에 큰 가시가 있는 흔치 않은 나무가 있어 눈길을 끈다. 바로 주엽나무이다.

흔히 마을을 지키는 노거수는 느티나무, 은행나무, 팽나무가 대다수인데 이곳에는 수령 150년이 넘는 이팝나무, 주엽나무가 있어 더욱 귀하다. 장기중학교 뒷 교정에는 느티나무, 이팝나무, 팽나무들이 모두 수백 년째 이곳을 지켜오고 있다. 하지만, 어쩌면 정약용 선생도 거닐었을 장기 임중숲이 이렇듯 겨우 몇 그루로 유지되는 모습은 측은하기 그지없다. 학교에서도 관리를 제대로 하지 않은 탓에 그마저 있는 나무숲도 방치되어 있다는 인상을 지울 수 없어 안타깝다. 귀한 주엽나무도, 보도블록을 위로 밀치면서 힘겹게 자라고 있는 뿌리를 보면 안타까운 마음이 든다.

200여 년 전, 다산 선생이 유배라는 고통과 시련의 시기를 겪으면서도 그나마 나름의 위안을 얻을 수 있었던 것은 여기 임중 마을숲이 있었기 때문이 아닐까. 이런 숲이 지금은 무성하게 잡초로 뒤덮여 있다는 것이 아쉽기 그지없다. 예나 지금이나 숲에서 마주한 고요함과 안식을 통해 위로를 받고 새로워질 기회를 얻을 수 있고, 그것이 바로 숲의 신비이자 삶의 이치라고 본다. 그래서 오늘날까지 세속의 번잡함과 고단함을 잠시라도 잊을 수 있기에 우리는 숲을 거닐고자 하는 바람을 지니게 되는 것이다. 지금 이 헐벗은 장기 임중 마을숲은 그저 보잘것없는 숲이 아니다. 결코 가볍지 않은 오래된 내력과 힘을 갖고 있기 때문이다. 장기숲을 가꾸어야 하는 배경에는 단순히 또 하나의 마을숲을 되살린다는 범주가 아니라 지역 자산을 발굴하고 알리는 새로운 시선과 방식으로 전환해야 한다는 것을 의미한다. 그리고 이러한 변화가 있어야만 우리 지역 자산의 가치가 앞으로 제대로 알려질 것이고, 다음 세대에도 유효한 자산으로 이어질 수 있으리라고 확신한다.

- 2019. 11. 28.《경북일보》

포항에 사는 나무 27

장기면 마현리 331 은행나무 (343년)

몇백 년을 살아온 나무들에게 그마다의 사연이 없을 리가 있겠습니까. 우리는 그 이야기를 쫓아서 나무에게서 교훈도 얻게 되며 결국 우리 지역을 알게 됩니다.

장기면 마현리에 있는 은행나무 또한 그렇습니다. 장기 지역은 유배지였습니다. 우암 송시열, 다산 정약용 등의 유학자가 유배를 왔던 곳입니다.

이 은행나무는 우암 송시열 선생이 1675년 6월 장기 고을에 유배되어 서당을 세우고 제자들을 가르치며 심은 나무라고 전해집니다.

- 2018. 8. 16

장기면 읍중리 331-2 느티나무 (400년)

장기중학교가 들어선 임중리는 예전부터 임중숲이 있었던 곳입니다.
임중숲은 1938년 일제가 발행한 〈조선의 임수〉라는 책에도 나오는 숲
으로 이전에는 그 규모가 십 리에 달했다고 합니다.

장기에 유배 온 정약용 선생도 거닐었을 숲이지만 지금은 겨우 몇 그
루만 남아 그때의 모습을 간직하고 있을 뿐입니다.

지금이라도 저 느티나무를 '정약용 느티나무'라 불러주면 더 많은 사
람들의 관심이 생기지 않을까 생각합니다.

- 2019. 4. 10

포항에 사는 나무 29

장기면 임중리 331-2(장기중학교) 이팝나무 (200년)

여름의 시작을 알리는 '입하' 무렵에 핀다고 입하목入夏木이라 불리던
것이 '이팝'으로 되었다는 말도 있습니다만 여름에 보는 눈 덮인 크리
스마스 트리 같습니다.

소개드린 흥해 옥성숲 이팝나무는 군락을 이루어 장관을 이룬다면 임
중숲(장기중학교)의 이팝나무는 한 그루로도 엄청난 아우라를 보입니다.

포항에 사는 나무 30

장기면 임중리 331-2 주엽나무 (150년)

오늘은 흔치 않은 나무 소개입니다.

주엽나무. 들어보셨나요?

주엽나무의 가장 큰 특징은 줄기에 가시가 있다는 겁니다. 한 번만 자세히 관찰해 보면 금방 알아볼 수 있는 나무이기도 합니다. 더군다나 이렇게 오랜 수령의 주엽나무를 만날 수 있는 건 다행스런 일입니다.

이 나무는 장기중학교 교정에 있습니다. 장기중학교는 옛날 장기숲의 일부인 임중숲이 있던 자리에 들어선 학교인데, 뒤뜰에 겨우 남아 있는 임중숲의 흔적인 큰 나무들이 제대로 관리가 안 되는 것 같아 안타까운 생각이 늘 듭니다.

주엽나무의 가장 큰 특징은 줄기에 가시가 있다는 겁니다.

♠ 오늘은 사족이 있습니다.

주엽나무와 비슷해서 구별이 필요한 나무로 조각자나무가 있습니다. 열매 꼬투리와 가시횡단면으로 구분할 수 있다지만, 그런 지식보다는 천연기념물 조각자나무를 우리 지역 가까이서 볼 수 있어서 소개드립니다. 안강 옥산서원 독락당에 천연기념물 115호로 지정된 조각자나무가 있습니다.

- 2018. 10. 18

양포 마을숲

장기숲을 둘러본 후에는 반드시 929번 국도를 따라 양포초등학교 쪽으로 발길을 돌려보길 권한다. 초등학교에 다다를 즈음에 짧지만 아름다운 숲길을 만날 수 있어서다. 수백 년 된 느티나무, 팽나무들이 철따라 다른 모습을 보여주는 아름다운 곳, 바로 양포 마을숲이 있다.

장기면 죽정리 659 느티나무 (330년)

나무가 들어선 자리나 나무가 간직한 이야기, 그것을 찾아가는 것이
'포항에 사는 나무'의 목적이고 재미가 아닐까 합니다.
논밭을 지나 멀리 언덕배기 중턱에 자리하고 있어서 누런 황금벌판을
마주하든 마른 가지로 찬바람을 맞이하든 더 높고 늠름해 보이는 느티
나무. 북구 죽장에 산남의진이 있다면 남구에는 장기의진이 있어 서로
기각지세*를 이루었다고 합니다. 이곳 죽정리는 장기의진의 의병장 장
헌문의 고향마을입니다.

♠ 기각지세掎角之勢 : 사슴을 잡을 때 사슴의 뒷발을 잡고 뿔을 잡는
다는 뜻으로, 앞뒤에서 적을 몰아침을 비유적으로 이르는 말

- 2019. 3. 14

방산2리(평동) 마을숲

　방산리는 거산巨山마을, 방일芳日 혹은 팔어실八於室마을, 평동平洞, 괴
정槐亭같은 자연부락을 합하여 이르는 지역이고 방일과 거산에서 한 자
씩 글자를 따서 방산리라 하였다. 신라 선덕여왕 때 창건한 고석사라
는 절이 있고 절 어귀 마을에 육송정六松亭이라 불리는 여섯 그루의 큰
소나무 정자가 있었다고 하나 지금은 볼 수 없다. 거산 마을, 팔어실

마을, 육송정을 방산1리라 하고, 평동과 괴정을 방산2리라고 한다.

평동이란 이름은 묘봉산에 있었다는 평등사平等寺 절 명칭에서 유래되었으리라 추정한다.

방산리에는 팔어실숲, 육송정숲, 평동숲, 이렇게 숲이 세 군데 있었다고 하나 현재는 평동에만 일부 나무가 숲을 이루고 있다. 평동숲은 당집과 어울리는 큰 느티나무를 비롯 오래된 나무들이 마을의 내력을 짐작케 한다. 하지만 방산2리 마을회관이 큰 나무들을 비집고 혹은 상하게 하며 들어앉은 모양이 쓸쓸하게 한다.

평동숲은 당집과 어울리는 큰
느티나무를 비롯 오래된 나무들이
마을의 내력을 짐작케 한다.

포항에 사는 나무 32

장기면 방산2리 905-9 느티나무 (370년)

마을을 지켜주는 마을숲은 바람도 막아주고 뜨거운 햇빛도 가려줍니다.
마을의 공동놀이터 공간을 해 오던 마을숲에 언젠가부터 마을회관이
들어서면서 오히려 숲의 나무들은 힘들어합니다.
숲 안에 저런 걸 지어야 했는지도 궁금하지만 나무랑 여유를 둔 모습
이 없어 답답해 보입니다.

포항에 사는 나무 33

장기면 금오리 220 해송 (150년)

장기는 알아도 봉산은 잊혀져가고 금오리는 들었어도 범오마을은 잘 모릅니다. 금오들(서면들)을 따라 좁은 길의 오르막을 넘으면 밖에서 보아 있을 것 같지 않은 마을이 있어 놀라고 넓지 않은 마을에 아름드리 당산나무 해송이 있어 더욱 감탄하게 됩니다. 나무들이 어울려 사는 지혜는 대단합니다. 서로 방해되지 않도록 각자의 영역을 지키면서도 전체적으로 보면 그렇게 조화로울 수 없는 모습을 만듭니다.

같이 있어서 더 아름다운 존재. 나무는 이미 그걸 아는 것 같습니다.

- 2019. 3. 6

두원 마을숲

두내斗內리와 석원石院리를 병합하고 두 마을 이름에서 한 글자씩 취해서 두원리라 하였다. 포항에서 가장 남쪽 해안선 마을이며 하천의 범람과 동해의 바닷바람을 막기 위해 해안가에 조성된 숲이 두원 마을숲이다. 31번 국도변에 쭉쭉 뻗은 소나무 숲이 바다와 어울려 시원함을 더해준다.

두원리 서쪽에 있는 두내斗內마을은 지형이 둥글고 오목한 계곡 사

이에 위치하여 마치 말┤모양 같다고 붙인 이름이라고도 하고, 두 개의 냇물이 만나는 곳에 마을이 형성되어서 붙였다고도 한다. 두내마을에는 수령 300년이 넘는 소나무가 있는데 나무의 모양이 'ㄴ' 자로 자라 특이하다.

포항에 사는 나무 34

장기면 두원리 386 소나무 (320년)

나무를 찾는 여정은 우리 지역 구석구석을 둘러보게 되는 일이고 우리보다 우리 지역을 더 오랫동안 지켜 온 터줏대감을 찾아뵙는 일이기도 합니다. 그래서 나무 바로 알기는 우리 지역 바로 알기입니다.

오늘 소개하는 장기면 두원리는 포항의 가장 남쪽입니다. 7번 국도도 유명하지만 구룡포 지나 감포로 연결되는 31번 국도도 최고의 바닷가 드라이브 코스입니다.

31번 국도를 따라가다 보면 쭉쭉 뻗은 소나무로 이루어진 두원 마을 숲을 볼 수 있습니다. 숲에서 하천을 따라 거슬러 올라가게 되면, 오늘 소개드리는 소나무를 만나게 됩니다. 나무는 'ㄴ' 자 형으로 밑동에서 둘로 갈라지는 특이한 모양을 하고 있습니다.

- 2018. 9. 27

장기면 계원리 23-1 곰솔 (520년)

"남산 위에 저 소나무 철갑을 두른 듯"
"저 들에 푸르른 솔잎을 보라"
"일송정 푸른 솔은 늙어 늙어 갔어도"

우리나라와 가장 닮은 나무
한국인이 가장 좋아하는 나무. 소나무
한국의 솔은 흔히 우리가 부르는
'소나무'와 '곰솔' 두 종류로 크게 나뉩니다.

포항의 시목市木이 바로 곰솔입니다.
바닷가에 산다고 하여 해송이라고도
500년이 넘게 포항의 바닷가를 꿋꿋이 지켜온
이 곰솔은 지금도 용의 비늘을 하고서
용트림을 하는 모습에서
용기와 감동을 줍니다.
- 2018. 8. 9

구룡포

1973년 구룡포

구룡포읍 구평리 741 느티나무 (480년)[4]

뇌성산 줄기가 뻗어 내린 곳에 지형이 평평하다 해서 붙여진 구평^{邱坪}은 거북이 등과 같이 반반하다 하여 구반^{龜盤}이라고도 합니다.

길 건너 폐교된 구룡포남부초등학교가 있는 '작은 구평'엔 할배제당이 있고 느티나무가 서 있는 이곳 '큰 구평'엔 할매제당이 있습니다. 현명

한 여성중심 사고입니다.

당수나무인 느티나무 주위로는 150년 넘는 해송들이 둘러싸고 있어
더욱 위엄이 있습니다. 31번 국도변에 있습니다.

구룡포읍 병포2리 304-2 느티나무 (170년)

동해면 지나 구룡포 들어가는 초입
이 구룡포 병포리입니다.

요즘 같은 무더운 여름의 절정에는
느티나무의 그늘이 제일입니다.

개울가에 시원하게 드리운 수형이
며 초록의 잎까지 더운 여름을 싱그
럽게 해 줍니다.

- 2019. 8. 5

포항에 살았던 나무

구룡포읍 성동리 느티나무

지금은 볼 수 없지만 포항에 있었던 나무도 소중하다고 생각합니다.
누군가의 기억 속에는 분명 아직도 살아있을 테니까요.
천재지변에 의해서나 제 수명을 다해서가 아니라 저수지가 만들어지
거나 산업개발로 인해 어쩔 수 없이 사라지는 경우는 그래서 좀 더 아
쉽습니다. 구룡포 성동리는 국가산업단지가 들어서면서 마을 전체가
사라졌습니다.

마을 전체가 사라져 지금은 볼 수 없다.

호미곶

1969년 대보면 구만2리

포항에 사는 나무 38

호미곶면 강사2리 627 곰솔 (300년)

'대천'과 '보천'의 첫 글자를 따서 붙여진 '대보면'이 2010년 '호미곶
면'으로 지명이 바뀐 것은 지역의 특색을 잘 살린 이름 찾기입니다.
자연부락이 합쳐지면서 각 한 자씩 이름을 딴 사례는 허다한데 '강사
리' 또한 강금리와 사지(새기)의 이름에서 나왔습니다.
조선시대 사지(沙只)봉수대가 있었고 강사리범굿이 동해안 민속으로 전
해지지만 고가도로가 생기는 어촌마을의 변화에도 곰솔들은 묵묵히
지켜오고 있습니다.

포항에 사는 나무 39

호미곶면 명월길 304-16 배롱나무 (300년(추정))

여름꽃의 대명사 배롱나무꽃은 여름부터 가을까지 석 달 열흘 넘게 피어 백일홍百日紅이라고 부릅니다.

한 번 핀 꽃 하나가 100일을 가는 것은 아닙니다. 작은 꽃들이 연이어 피기 때문에 100일 동안 피어 있는 것으로 보일 뿐입니다.

신라 때 창건된 후 여러 부침을 거듭한 해봉사.

군마軍馬를 키우던 장기목장의 번창을 기억하는지. 마당에 배롱나무 한 그루가 더욱 고즈넉하게 보입니다.

- 2019. 8. 16

1972년 동해면 마산리

동해

호미반도의 안쪽으로 영일만을 이루며 길게 동해바다와 만나는 동해면은 이름부터 동해가 들어있다. 해가 떠오르는 동해바다는 넓은 세계와 만나는 출발지다. 연오랑 세오녀가 일본으로 떠났던 곳도 동해면이다. 그들이 떠나고 어두워진 신라에 다시 빛을 밝혀줄 해와 달이 떠오른 곳도 동해이다. 빛과 바다, 포항의 정체성이랄 수 있는 이 두 가지를 모두 가진 곳이 동해면이다.

북쪽은 바닷가 연안이고 남쪽으로는 산이 발달해 있는 만큼 동해면에도 여러 숲들과 오래된 나무들이 존재했을 텐데 많이 사라져 버려 아쉽다. 지금도 도구해수욕장을 따라 길게 조성된 소나무밭이 남아 있지만 해안가 빼곡이 들어선 비닐하우스로 인해 예전의 전경은 볼 수가 없다. 예전 숲 목록을 구해서 '동해면 도구리 745번지'라는 주소로 찾아가 보았지만 비닐하우스에 둘러싸여 접근도 쉽지 않은 상태이다. 숲 목록에는 745번지 외에도 도구리에만 두 군데가 더 있으나 숲의 모습을 볼 수는 없었다. 특히 '공당리' 주소의 숲과 나무를 찾아갔을 때는 깜짝 놀랐다.

블루밸리 국가산업단지 조성으로 마을 전체가 없어진 것이다. 산업시대에 예전 나무와 숲만을 강조할 수도 없는 노릇이지만 한번 훼손된 나무와 숲은 다시는 회복될 수 없는 것 또한 분명하다. 처음 계획과 달리, 조성된 국가산업단지에 입주 기업이 없이 설렁해 보여 그런 생각이 더욱 든다.

동해면 공당리 895-1 느티나무 (250 ~ 300년)

2013년

2019년

오늘은 세 그루 나무입니다.

국가산업단지가 조성되면서 마을 사람들은 흩어지고 다행이랄지 불행이랄지 마을의 오래된 느티나무 몇 그루는 옮겨 심어졌습니다.

무엇을 육성하고 어떤 기업이 들어올지 철저한 계획 하에 '무조건 개발'이 아닌 '선택적 개발'이, 결국 환경도 역사성도 '무분별한 파괴'가 아닌 '선택적 파괴'로 그칠 수 있습니다.

- 2019. 7. 4

모감주나무와 병아리꽃나무 군락지

  천연기념물로 지정된 포항의 식물 자산은 흥해 북송리 북천수와 더불어 동해면 발산리의 모감주나무와 병아리꽃나무 군락지가 있다. 발산發山은 봄이 되면 마을을 둘러싸고 있는 산과 골짜기에 꽃이 만발한다고 해서 붙여진 이름이니만큼, 이곳에 와 보면 과연 그 모습을 실감하게 여기 인근 해안에 인접한 경사진 곳에 모감주나무와 병아리꽃나무 군락지가 있다. 이곳을 여러 차례 오가면서 보니 가로수로도 모감주나무가 심어져 있었다. 정말 이 마을은 꽃과 인연이 많은 곳이라는 생각이 든다. 그런데 모감주나무 군락지로 지정된 곳은 접근하기가 쉽지 않다. 군락지를 보호하기 위한 어쩔 수 없는 조치라고 애써 이해하려 하지만 일부러 이 꽃들을 만나러 찾아오는 사람들을 위한 배려는 어디에서도 찾을 수 없다는 것이 속상하다. 사실 천연기념물인 만큼 희귀성과 중요성을 제대로 돋보이게 할 수 있는데 말이다.

모감주나무는 중국 산둥반도에서만 자란다는 나무로 세계적인 희귀종이라 여기는데 현재 충남 안면도와 강원도 일부 해변에 몇 그루씩 자생하고 있다 한다. 그래서 한때는 먼 바다를 건너온 씨앗이 이곳 발산리까지 흘러와 모감주나무 군락지를 이뤘다고 여겼는데 최근에 한반도 곳곳에서 모감주나무의 자람터가 발견돼 학계에서는 이 나무가 우리나라에서 자생했다는 설에 무게를 더 두고 있다고 한다. 모감주나무는 여름철 노란 꽃을 피우는데 서양에서는 '황금비 내리는 나무(golden rain tree)'라고 부른다고 한다. 황금비라니, 쉽게 잊어버릴 수 없는 학명이라는 생각이 든다. 우리는 모감주나무를 일명 염주나무라고도 부르는데, 모감주나무의 열매로 염주를 만들었기에 이런 이름으로도 불리고 있다. 더군다나 이 나무로 만든 염주는 큰스님들이나 지닐 수 있을 만큼 귀하게 여겼다고 하는데, 왠지 나무의 풍모를 생각한다면 황금비보다는 염주나무가 더 어울리는 것 같다.

여기 그 이름만큼이나 귀엽고 여린 기운을 지닌 병아리꽃나무는 하얗고 소담한 네 장의 꽃잎과 주름진 진녹색의 잎을 지녔다. 키가 작고 밑동에 가지가 많은 나무이기에 작은 새나 곤충의 보금자리이면서 큰 나무들이 바람에 부러지는 것을 막는 역할을 한다. 이렇게 발산리의 모감주나무와 병아리꽃나무 군락지는 현재까지 한반도에 알려진 모감주나무 군락지 중에서 그 크기와 면적, 개체 수가 가장 크고 많은 곳이라서 병아리꽃나무와 함께 현재 천연기념물 제371호로 지정받아 보호받고 있다.

그런데 이런 모감주나무가 포항을 상징하는 꽃이 된다면 어떨까 생각한다. 요즘 장미가 시화라서 곳곳에 장미를 심는다고 하는데, 사실 장미는 전국 어디에서든 흔하게 접하는 꽃이다. 그 흔한 꽃이 포항만의 특색을 드러내는 자산이라고 보기에는 좀 무리가 있다고 생각된다. 사실 우리 포항만의 유산이라고 할 수 있는 지역 자산이 많은데도 그간 이것을 제대로 알리려는 노력이 부족했다고 본다.

이제라도 우리 지역 유산의 진가를 바로 확인하고 제대로 보아야 하는 이유는 분명 있다.

♠ 포항의 천연기념물

모감주나무와 병아리꽃 군락 (천연기념물 제371호) 1992년 지정

주상절리 (천연기념물 제415호) 2000년 지정

북천수 (천연기념물 제468호) 2006년 지정

뇌성산 뇌록산지 (천연기념물 제547호) 2013년 지정

동해면 흥환리 357 팽나무 (300년)

삼면이 바다로 둘러싸인 호미반도는 육지 한쪽 면만 성을 쌓으면 말을
키우기에는 천혜의 장소였지요.

길이 25리, 높이 10척에 달하는 장기목장성의 시작과 끝 지점이 구룡
포 돌문에서 동해면 흥환동까지입니다.

　'경상도 장기현 내에 북목北牧을, 울산에 남목南牧을 설치하였다.'

〈효종실록〉

오래된 나무는 옛 역사를 오늘날 살아있게끔 만드는 연결고리입니다.

- 2019. 10. 10

동해면 중흥리 195 (좌)회화나무(200년), (우)곰솔(250년)

'화이부동和而不同'

〈논어〉에 이런 말이 나옵니다.

군자君子는 화이부동和而不同하고 소인小人은 동이불화同而不和한다.

'군자는 다양성을 인정하고 지배하려고 하지 않으며 소인은 지배하려고 하며 공존하지 못한다.'

회화나무와 곰솔. 따로 서 있으면서도 하나의 아름다운 수형을 만드는 나무에서 배웁니다.

- 2019. 7. 25

금광리 생활체육공원

금광리金光里는 정천井泉, 가는골, 등넘, 퉁지미 등 4개의 자연부락으로 이루어졌으며, 원래 연일군 일월면日月面에 속하였으나 1914년 행정구역 폐합시 영일군 오천면 금광리가 되었다. 1973년에 동해면에 편입되었다.

영일 지역은 거석문화巨石文化라고 할 수 있는 고인돌이 산재해 있는데 금광리에서도 여러 기의 고인돌을 볼 수 있다. 금광지金光池 인근에서도 고인돌이 발견되었으며 오래된 느티나무, 참나무, 소나무 등으로 이루어진 숲이 있어 크기에 비해 시원함을 느끼기에 충분하다. 운동기구를 설치해 두었다고 '생활체육공원'이라 이름 붙였지만 숲으로서의 가치가 더 뛰어난 곳이다.

동해면 금광리 717 느티나무 (250년)

연오랑 세오녀의 '오鳥' 자는 삼족오의 '오' 자와 동일하며 태양숭배사
상과 관련이 있습니다. 오천鳥川이라는 지명을 비롯하여 태양과 관련된
지명이 많은 것이 그걸 뒷받침합니다. 이곳 금광리金光里 뿐만 아니라,
광명리光明里, 옥명리玉明里, 중명리中明里, 그리고 자명리自明里도 마찬가
지입니다. 바로 빛의 고장입니다.

때마침 느티나무 뒤에서 비치는 아침햇살이 더 빛나 보입니다.

- 2019. 7. 3

1910년 연일현청

연일

우리나라에 단군 이야기가 있다면 포항은 연오랑세오녀 이야기가 있다. 단군 이야기에 그 기본 사상이 '홍익인간'이라면 연오랑세오녀는 '일월사상' 즉 해와 달의 빛이라고 할 수 있다. 삼국유사에 나오는 연오랑세오녀 이야기를 다시 한 번 살펴보자. 동해 바닷가에 연오랑세오녀 부부가 살았는데, 하루는 연오랑이 바다에 해조류를 따러 나갔다가 큰 바위가 나타나 연오랑을 싣고 일본으로 가버렸다. 그리고는 일본에서 왕이 되었다. 한편 세오녀는 남편이 돌아오지 않자 바닷가에 찾으러 갔다가 그 역시 바위를 타고 일본으로 건너가게 된다. 이때 신라에서는 해와 달의 광채가 없어졌다. 그래서 왕이 사자를 보내서 두 사람을 찾게 된다. 연오랑은 돌아가는 대신에 세오녀가 짜준 비단을 주면서 하늘에 제사를 지내면 될 것이라고 말해준다. 사자가 돌아와서 그 말대로 하늘에 제사를 드렸더니 해와 달이 전과 같이 되었다. 그리고 비단을 나라의 보물로 삼고 창고에 보관하였는데 그 창고 이름이 '귀비고'라 하고 하늘에 제사 지낸 곳을 '영일현' 또는 '도기야'라고 하였다는 내용이다. 여기서 살펴보면, 영일현이라는 지명에 해 일日 자가 들어있다. 영일과 연일은 혼용해서 쓰였던 걸로 본다. 즉, 영일, 연일, 그리고 연오, 혹은 영오 모두 해와 관련된 이름이다. 해와 달과 관련된 지명은 그 외에도 곳곳에서 찾아볼 수 있다. 가장 대표적인 곳으로는 '일월지'가 있다. 연오랑세오녀가 일본으로 떠난 후 일월의 정기가 없어졌을 때, 연오랑이 보내준 비단으로 제사를 지낸 장소가 바로 일월지이다. 현재 일월지는 해병부대 안에 있으며 경상북도 기념물 제120호로 지정되어 있다. 포항시 남구 동해면 상정리에서 약전리 쪽으로 넘어오는 고갯길에 '흰날재'라는 마을이 있다. 그 지역에 있는 삼봉산 정상에서 북쪽 아래 계곡을 끼고 산지에 둘러 싸인 마을로 '광명리'라는 곳이 있다. 또한 오늘날 대송면에 속하는 '옥명리'도 있다. 그리고 '중명리'란 지명도 있고, 중명리에서 형산강 건너 쪽으로는 오늘날 자명리라 불리는 옛이름으로 '등명리'가 있다. 즉, 흰날재부터 광명, 옥명, 중명, 등명이 있는데 이는 해가 떠서 지는 방향으로 정확히 일치해 있으며 그 해의 밝기에 따라 붙은 이름이라 하니 재밌기도 하고 신기하기도 하다. 해가 한가운데 위치하였다고 지어진 중명은 다시 중명1리와 중명2리로 나뉘는데, 중명1리는 바로 부조장으로 유명한 곳이다.

부조장은 1750년대부터 1900년대 초반까지 형성되었던 장이다. 윗부조장, 아랫부조장으로 나뉘어져 있었는데 윗부조장은 현재 경주시 강동면 국당리이고, 아랫부조장은 포항시 연일읍 중명1리에 해당한다. 형산강으로 보면 포항이 경주보다 하구니까 아랫부조장이라 불렀다. 하지만 아랫부조장이 바다와 만나는 대포구여서 훨씬 더 번성하였으므로 부조장이라고 하면 일반적으로 아랫부조장을 가리킨다. 부조장은 대구시장, 김천시장과 더불어 경북의 3대 시장이라 불렸다. 또한 서해의 강경장, 남해 마산장 그리고 동해의 부조장이라 해서 남한의 3대 시장이라고도 하였다. 오늘날에도 동해안의 최대의 어시장이 죽도시장인 것을 보면 당시에도 동해안의 대표시장인 것을 짐작할 수 있다. 그러면 무엇을 팔았을까? 부조장은 주위 환경이 무척 좋았다. 인근 안강지역은 곡창지대였고, 포항은 넓은 염전이 있었다. 그리고 영일만 바다는 풍부한 수산물이 넘쳐났다. 게다가 넓은 포구여서 큰 배의 출입 또한 가능했다. 경주읍내장과 영천읍내장 등 배후에도 큰 시장들이 있어서 함경도의 명태, 강원도 오징어, 포항 연안의 청어와 소금을 내륙으로 팔고, 전라도와 경상도의 농산물을 교역하였다고 한다. 이렇게 큰 시장인데 이야깃거리가 없으면 섭섭하다. 바로 옥녀봉 전설인데, 옥녀봉은 형산의 봉우리 이름이다. 효심이 지극한 옥녀가 어머니의 병구완을 위해 약을 구하러 간 곳이 바로 부조장터이다. 거기서 젊은 상인을 만나지만, 젊은 상인이 혼인비용 마련을 위해 장사를 떠난 후 소식이 없자, 옥녀는 산봉우리에 올라가 형산강 하구를 하염없이 바라보다가 쓰러져 죽고 말았다. 그래서 그 봉우리를 옥녀봉이라고 한다. 전해오는 이야기 외에도 역사적 사실을 말해주는 유적도 있다. 부조장과 관련한 선정비가 지금도 연일읍 중명1리 마을회관 앞에 있어서 당시 부조장이 큰 시장이었다는 걸 알 수 있는데, '현감 조동훈 복시 선정비'와 '현감 남순원 선정비'이다. 그리고 '좌상대 도접장 김이형 유공비'가 제산 아래쪽에 있다. 19세기 후반에 세워진 것들인데, 부조장이 폐시, 즉 문을 닫았다가 지역민들의 요구로 다시 문을 열게 되면서 그 공덕을 기리는 내용이다. 요즈음은 강변도로로 개발되어 있어서, 장터의 느낌을 찾아볼 수는 없지만 2008년부터 연일부조장터문화축제를 통해 그 명맥을 지키려 노력하고 있다.

원골숲

중명2리는 원골이라 불렀다. 고려말 공민왕 때 문정공 설곡 정사도 선생이 이곳에서 많은 유생들을 가르쳤다고 하며 서원이 있었던 곳이라 해서 원골이라 불렸다 한다. 마을 뒤편에는 높이 1미터 가량의 '고려문정공설곡정선생유허비'가 남아 있다. 원골은 까마귀의 머리를 뜻하는 오두봉烏頭峰과 까마귀의 다리를 뜻하는 오족골烏足谷 사이에 자리하였는데, 여기서 지명에 연오랑과 세오녀처럼 까마귀 '오烏' 자가 들어간 것도 재미있다. 이 '오' 자는 바로 삼족오할 때 그 '오' 자이다. 삼족오가 무엇인가. 태양 속에 사는 세발 달린 까마귀이다. 바로 태양을 상징한다 할 수 있다. 그러니 이곳 원골은 '연일읍'이든 '중명리'라는 지명에서나 산 이름 '오두봉'과 골짜기 이름 '오족골' 모두에서 해의 상징이 들어가 있다. 이곳에 원골숲이 있다. 유강대교 건너 영일만대로를 따라 중명리를 지나가면 우측으로 아름드리 나무숲을 볼 수 있다.

이 숲은 보호수로 지정된 400년생 회화나무 7본과 말채나무, 팽나무 등이 군락을 이루고 있어 숲이 주는 치유효과를 실감할 수 있다. 또한 가지 귀한 것은 600여 년생 회화나무가 쉬나무에 의존하여 지금도 봄이면 힘차게 여린 잎을 보여준다. 쉬나무와 회화나무는 옛날 선비가 이사를 갈 때 꼭 준비해서 가는 나무라고 한다. 쉬나무는 열매를 따서 등잔불을 밝히는 기름을 만들고, 회화나무는 '학자수'라 하여 고고한 선비임을 알리는 목적이다. 하지만 숲의 보존 상태와 관리 상태를 보면 오히려 이렇게 나무들이 살아있어 주는 게 놀랍고 고맙고 미안할 따름이다. 나무의 가운데 목질부분은 다 비워진 채 껍질만으로 생명을 유지하는 회화나무의 동공은 쓰레기통 취급을 받을 뿐 아니라 밭 가운데 있어서 접근도 쉽지 않는 상태이다. 그리고 그늘이 좋은 노거수 사이에는 왜 그렇게 늘 정자를 짓는지 모르겠다. 특히 원골숲에는 육중한 콘크리트로 정자를 지어 주변 나무에게 심각한 피해를 입힌다고 본다. 뿐만 아니라 무분별한 운동기구 설치와 거의 방치되다시피 한 컨테이너 박스까지 도무지 숲을 아끼는 마음을 찾아보기 어려워 안타깝다. 얼마 전 다시 찾은 원골숲에는 또 무슨 공사를 하는지 혹여 나무가 다치지는 않을까 염려가 된다.

요즘 중명리는 중명자연생태공원이 있어 더 많은 사람들이 찾는다. 최근에는 입구에 포항국민여가캠핑장도 조성되었다. 이곳을 가려면 반드시 원골숲을 가로 질러 난 도로를 지나야 한다. 하지만 무엇이 우리에게 더 위안을 주는지 가 본 사람은 안다.

- 2019.12.12. 《경북일보》

♠ 참고문헌
『이야기 寶庫 포항』(포항시, 2016)
『해와 달의 빛으로 빚어진 땅』(이상준·임성남, 2018)

포항에 사는 나무 44

연일읍 중명2리 763 회화나무 (600년)

옛날 선비가 이사를 갈 때 꼭 준비해서 가는 나무가 쉬나무와 회화나
무라고 합니다.
쉬나무는 열매를 따서 등잔불을 밝히는 기름을 만들고, 회화나무는 학
자수라 하여 고고한 학자임을 알리는 목적이지요.
마침 두 나무가 더불어 살아가는 모습이 아름다운 곳이 있습니다.
비록 속은 다 비어지고 쓰레기 등으로 방치된 상태이지만 쉬나무를 의
지하여 새잎을 키워내는 생명력이 감동입니다.

- 2019. 5. 23

택전숲

대나무가 많아서 대골^{竹谷}이라 했다 하고, 신라 때 높은 벼슬아치들이 대궐 같은 집을 짓고 살았다고 택골^{宅谷}이라고도 하였는데, 그 택골 앞에 집이 많이 들어서서 마을이 형성되자 택골 앞에 위치한 마을이라고 택전^{宅前}이 되었다.

택전에 있는 숲은 신라 때부터 있었던 숲이라 하며 400년 된 회화나무가 군락을 이루고 있어 장관을 이룬다. 회화나무 외에도 느티나무와

팽나무 등을 볼 수 있는데 이곳에서는 회화나무와 느티나무의 연리지를 볼 수 있다. (연리지 : 뿌리가 다른 나뭇가지가 서로 엉켜 마치 한나무처럼 자라는 현상)

회화나무와 느티나무의 연리지

하지만 이곳 또한 인공물로 인해 숲의 경관은 오히려 훼손되고 있는데, 몇 해 전부터 숲길에 바짝 붙어서 울타리가 처져 있다. 사유지라면 뭐라 할 말은 없지만 숲의 전체 경관을 감상 못하는 것이 못내 아쉽다. 그리고 연리지를 알리는 표지석이 연리지보다 오히려 더 시선을 뺏을 만큼 육중한 것도 눈살을 찌푸리게 된다. 다른 나라에서 나무의 표지석이 나무에 비해 월등히 작고 소박한 것을 본 적이 있은 뒤라 뭐가 더 중요한지는 다시금 생각하게 된다.

연일읍 택전리 588-4 회화나무 (400년)

여러 나무들이 어울린 숲은 홀로 선 나무와는 또 다른 느낌이 있습니다. 게다가 수백 년씩 된 나무들이 이룬 숲이라면.

연일읍 택전리는 보호수로 지정된 400년 수령의 회화나무 12본과 느티나무가 이룬 숲이 편안한 곳입니다.

여린 잎의 봄, 앙상한 가지의 겨울, 울긋불긋 가을은 물론 하얗게 회화나무 꽃이 피는 여름도 더없이 아름다운 곳입니다.

- 2019. 8. 13

연일의 사라진 숲

신읍수 新邑藪

1866년(고종3) 영일현청을 대잠리에서 생지리로 옮긴 기념으로 당시의 현감 남순원이 독려하여 길이 7리, 너비 5리에 달하는 넓은 지역에 나무를 심어 바람과 모래를 막는 큰 숲을 조성하였다고 하나 지금은 대부분 주택지로 변하였다.

1967년 동촌동

홍계 마을숲

대송면 홍계리는 예전에는 마을 앞에 배를 댈 정도의 큰 하천이 흘러 넓은 계곡이란 뜻의 '홍계洪溪'라는 이름이 붙은 곳이다. 물론 지금은 그 흔적을 가늠하기 어렵지만, 마을 뒤쪽에 매봉재(응봉령)라는 높은 고개가 있는데 옛날 대홍수 때 고개 꼭대기까지 바닷물이 차올라 겨우 매 한 마리 앉을 정도의 자리만 남았다고 한다. 지금도 이 고개에서는 바닷조개 화석과 바닷모래를 발견한다고 한다.

조선 중종 15년 김수책이라는 부부가 처음 이곳에서 벌목개간을 하며 살기 시작하였다고 하며 하천이 휘감고 돌아가는 곳에 소나무숲이 발달해 있어 조용하고 아늑한 느낌을 준다. 벚나무가 있어 벚꽃이 피는 봄에는 초록의 소나무와 잘 어울린다. 숲을 지나 하천을 따라 올라가면 얼마 가지 않아 깊은 산에 온 듯한 계곡을 만날 수 있고 폭포에 다다른다. 운제산 서북쪽 자락으로 홍계폭포라 이르며 마을과 멀지 않는 곳에 이런 폭포가 있다는 게 신기하다. 덕골이란 마을로, 신라 때 화랑들의 수련장이었다고도 하는데 폭포와 주변의 바위들이 볼 만하다. 정적인 숲과 동적인 폭포의 어울림이 여기 숲을 찾는 매력이랄 수 있다.

홍계 폭포
마을과 멀지 않은 곳에 이런 폭포가
있다는 게 신기하다.

대송면 홍계리 126 서어나무 (320년)

평소 나무에 관심이 없던 분들에게 서어나무는 생소한 이름일 겁니다
만 한 번만 보면 잊을 수 없는 매력이 있는 나무가 서어나무입니다.
서어나무의 가장 큰 특징은, 보디빌더의 팔뚝 근육처럼 울퉁불퉁 튀어
나와 힘이 넘쳐 보이는 나무껍질 모양에 있습니다. 그래서 별명이 머
슬 트리(Muscle tree) 즉 근육 나무라고 한답니다.
하지만 홍계리의 서어나무는 300년이 넘는 귀한 나무로, 젊은 날 근
육질의 관능미보다 이끼끼고 구불구불한 모습에서 동네 개구쟁이들이
올라타도 다 받아줄 것 같은 넉넉함이 배어 있는 정말 멋진 나무입니
다.

- 2018. 7. 26

대송면 남성2리 447 느티나무 (250년)

대송면 남성2리에는 영일 정씨 시조 재실齋室인

'남성재南城齋'가 있습니다.

비교적 넓은 공간에 자리 잡은 재실 건물들이

찾는 이를 편안하게 합니다.

마을을 들르려면 냇가를 건너게 되는데

마을 입구에 느티나무가 서 있어서 더욱 잘 어울리는 곳입니다.

- 2019. 9. 24

대송면 공수리 98 소나무 (250년)

소나무는 모양이 참 다양합니다. 청하면 하대리 소나무는 바가지를 덮어쓴 듯 장기면 두원리 소나무는 'ㄴ'자로 뻗은 것이 제각각입니다. 지금은 옛 모양을 볼 순 없지만 보은의 '정이품송'도 소나무입니다.

소개드리는 소나무가 들어선 곳은 지명부터 '대송松면'. 포항제철이 들어선 자리가 대송면 송松정동이였으니 옛 문헌에서도 확인되듯이 이쪽 지역은 소나무가 많았던 곳입니다.

소나무 앞 표지석에는 '팽나무'라고 적혀있어 의아했습니다. 소나무에서 7m 떨어져서 320년 당산목 팽나무가 있었다고 합니다만 태풍으로 소실되고 지금은 팽나무 보호수 표지석만 남은 이유입니다.

- 2019. 5. 2

대송의 사라진 숲

대송정 大松亭

경상북도 영일군 대송면 송정리에 위치하였으며, 영일만 바닷가에 있었던 곰솔 숲이다.

대송면 송정리는 1938년 포항읍으로 편입되고, 1949년 포항시로 승격된 후 포항종합제철 부지 확충을 위해 1973년 포항시 제철동에 병합된 지역으로 현재는 숲의 자취를 볼 수가 없다.

하지만 1938년 조선총독부에서 간행한 〈조선의 임수〉와 1967년 박일천의 〈일월향지〉에 나올 만큼 숲의 규모는 대단했으며 특히 푸른 바다, 흰 모래와 어울린 송림의 풍경이 아름다웠다고 한다.

신광

1995년 마북느티나무 상식공사 기공식

학이 알을 품고 있다가 하늘을 나는 듯한 형상을 지녔다고 하여 날 비飛 자, 학 학鶴 자를 붙인 비학산은 신광의 진산鎭山이다. 신광이라는 지명은 신라의 진평왕과 관련이 있다. 진평왕이 이곳에 하룻밤을 묵게 되었을 때, 그날 밤 비학산에서 밝은 빛줄기가 찬란하게 뻗쳐 나왔다. 이를 본 왕이 신령스러운 빛이라 하여 이 지역을 '신령스러운 빛', 신광神光이라 부르게 하였다.

신광은 신라 초기에는 '동잉음현東仍音縣'이라 하였고 경덕왕 16년 (757)에 신광현으로, 이후 고려 태조 때는 신광진神光鎭으로 불렀다. 조선 시대에는 신광현으로 경주부에 속했다가 1906년 흥해군 신광면으로 편입되었던 것이 1914년 영일군 신광면이 되었다.

신광 냉수리에서는 국보 264호로 지정된 신라비가 발견되어 현재 신광면사무소 마당에 전각을 지어 보호하고 있다.

한편 신광은 해월海月 최시형 선생과 인연이 맞닿아 있는 곳이다. 동학농민운동의 지도자이자 사상가인 해월 선생은 신광에 열두 살부터 서른다섯 살까지 살다가 동학에 입도하면서 전국 팔도를 누비게 되는데 신광을 고향처럼 여겼던지라 당시 관군의 수사망을 피해 이곳에서도 몇 차례 집회를 열었다고 한다. 신광온천에 이르는 만석교 입구에는 해월 선생의 '대인접물' 편의 교리를 소개하는 비석이 세워져 있다.

포항에 사는 나무 49

신광면 토성2리 544-1 상수리나무 (300년)

얼핏 느티나무 같아 보이는 이 나무는 바로 상수리나무입니다. 흔히
도토리나무, 참나무로 알고 있는 나무이지요.
물론 상수리나무는 참나무 6형제(상수리나무, 신갈나무, 떡갈나무, 갈참나
무, 굴참나무, 졸참나무) 중에서 으뜸이라고 칩니다. 이런 상수리나무도
수백 년이 지난 모습이 정말 멋있습니다.
특히 신광의 진산鎭山(마을을 지켜주는 산), 비학산 앞에서 너른 들을 배
경으로 서 있는 모습, 꼭 한번 가 보시기 바랍니다.

- 2018. 8. 2

죽성1리(댓골) 숲

　대나무가 많았다고 붙은 이름, 댓골竹洞, 아래쪽에 있는 마을이라는 뜻의 아랫각단, 위쪽에 있다고 윗각단, 지형이 푹 내려가 굼(구멍)처럼 생겼다고 굼각단이라 불렸던 네 개의 자연부락이 있었는데, 아랫각단과 굼각단, 윗각단을 묶어 중성中城이라 불렀다. 죽성리竹城里라는 지명은 1914년에 이들 마을을 합쳐서 죽동의 '죽'과 중성의 '성'을 따서 붙여진 이름이다.

죽성1리에 해당하는 댓골은 죽성리의 중심이 되는 마을로, 비학산이 학과 관련된 지명이여서인지 비학산 동남쪽 자락의 죽성1리 댓골에는 왜가리와 백로들이 많이 찾아와 학마을이라 불린다. 하천변에 있는 왜가리 서식 숲은 아까시나무, 버드나무, 느티나무 등이 왜가리 분비물의 독성으로 인해 고사하고 있고 마을 어귀에는 소나무 단순림이 공원처럼 조성되어 있다.

왜가리 서식지 (사진제공 박창원)

신광면 우각1리 113 향나무 (230년)

이 지역에 살면서 한번은 들어봄직한 어른이 회재 이언적선생입니다.
양동마을이 선생의 고향마을이고 옥산서원이 선생을 배향한 서원이며
덕동마을이 선생의 동생 후손들이 옮겨 집성촌을 이룬 곳이기 때문입
니다.
이 향나무는 바로 이언적 선생의 손자 이의온이라는 분이 오의정 정자
를 세우고 손수 심은 나무라고 합니다.
향나무 잎은 비늘형과 바늘형 두 가지 형이 있는데 7~8년생까지 젊을
때는 바늘잎 뿐이지만 나이가 들수록 점차 비늘같은 부드러운 잎이 돋
는다고 합니다. 우리도 그러한지 돌이켜 봐야 할 대목인 것 같습니다.
경상북도 기념물 57호로 지정되어 보호하고 있습니다.

- 2018. 8. 23

사정2리(새미) 숲

　마을 주민들은 사미土味, 모정茅亭, 가척加尺이라 불렀던 마을들을 1914년 행정구역 폐합 때 합쳐서 사미의 '사'와 모정의 '정'을 붙여 사정리라 하였다. 사정1리에 해당하는 모정마을은 마을 뒤에 금잔디가 무성하였고, 그 숲에 정자가 있어서 모정이라 불렀다고 하며 혹은 임진왜란 때 의병들이 이곳에서 띠집을 짓고 숨어 있었다는 연유에서 이름이 붙었다고도 한다. 안모정과 바깥모정으로 나누어 부르는데, 안모정에는 넓은 숲이 있었으나 지금은 없어지고 당집은 옛 흔적을 고스란히 간직한 채 남아있다.

　흔히 '새미'라고 부르는 사미 마을은 사정2리에 해당하며 한때 신광면에서 소재지인 토성과 죽성리의 댓골과 더불어 세 번째로 큰 마을에 들어갈 만큼 사정리의 중심이 되는 마을이다. 소나무숲이 넓게 있었다고 하나 경작지로 바뀌었으며, 당집은 사라졌지만 수백 년 된 향나무와 팽나무가 지금도 마을을 지키고 있다.

신광면 사정2리 447 팽나무 (570년)

사정2리 마을숲은 축소되어가나 중심이 되는 팽나무는 당산나무로 보호되고 있습니다.

나무 줄기, 가지가 자란 모양에서 신령스러움을 느낄 수 있는 대표적 나무가 팽나무라 생각합니다. 특히 세월의 이끼가 잔뜩 낀 수피에는 세월이 다 배어 있습니다.

예전에 있던 당집의 모습은 볼 수 없지만 수백 년 함께 세월을 견디면 자라온 향나무와 어울려 함부로 접근 못 할 듯한 신비감을 느끼게 합니다.

- 2018. 7. 5

만석1리(구만) 숲

　구만九萬과 선돌立石, 두 지역을 행정구역으로 합쳐 부르면서 구만의 '만'과 선돌의 한문 표기인 입석의 '석'을 따서 만석리가 되었다. 만석1리에 해당하는 구만은 본래 '굽안'으로 불리던 것이 변음된 명칭이다. 즉 곡강천이 굽이치는 곳에 마을이 생겼다 하여 '굽안'이라 하였는데, 오랜 세월이 흐르는 동안 음이 변하여 '구만'으로 불리게 되었다.

구만에는 비록 규모는 작지만 아주 아름다운 숲이 있다. 수백 년 된 회화나무와 느티나무, 팽나무 등이 경사진 둔턱에 자리하며 숲을 이루고 있어 마을에서 보면 올려다 보이는 경관이 더 뛰어나다. 숲과 어울리는 조형물을 거의 보기 힘든데, 인공적으로 만들어진 조립식 정자마저도 이곳에서는 눈에 거슬리지 않는다. 숲의 일부였을, 논 가운데 한 그루인양 붙어 서있는 소나무와 팽나무도 사랑스럽다.

한편, 돌이 서 있다고 선돌立石이라 불렸던 만석2리에는 신광초등학교 비학분교장이 있어서 학교주변에 나무가 많았다. 학교는 2007년 폐교가 되고 지금은 포항환경학교로 운영되고 있다.

곡강천이 흐르는 선돌 제방에는 세월의 흔적이 배어있는 팽나무 몇 그루가 서 있어 이전에 숲(천방숲)을 이루었을 모습을 상상케 한다.

신광면 만석1리 556 회화나무 (230년)

만석1리에는 논을 배경으로 작은 동산에 마을숲을 이루고 있는 풍경
이 그림 같습니다. 여기서는 볼썽사나운 조립식 마을정자도 한 폭의
그림에 어울릴 정도입니다.

나무를 사진 한 장으로만 소개하기에는 놓치는 부분이 너무나 많습니
다. 보는 방향, 각도마다 또 보는 시간대에 따라 다양한 모습을 보이기
때문입니다.

특히 숲과 어울리는 나무의 모습은 직접 가 봤을 때 더욱 감동이 살아
납니다.

- 2019. 9. 24

신광면 마북리 91-1 느티나무 (730년)

'포항에 사는 나무' 중 가장 유명한 나무가 아닐까 합니다. 경상북도 보호수 제1호인 것도 그렇고 수령이 무려 700년이 넘는 점도 대단하지만 이 나무는 그만 사라질 위기를 넘긴 이야기가 있기 때문입니다.
1999년 마북 저수지 공사로 인해 수몰 위기에 놓인 것을 '노거수회'의 노력과 지역단체의 협조로 4억 5천만 원의 경비를 들여서 원래 자라던 위치에서 200m 위로 옮겨 심어져 현재에 이르고 있습니다.
나무가 모여 숲을 이룬다지만 나무 한 그루가 숲의 아우라를 보이는 경우도 있습니다. 사계절 어느 계절이나 늠름한 느티나무. 가을날 단풍 드는 노거수의 넉넉함을 꼭 감상해보시기 바랍니다.

- 2018. 10. 25

1920년 청하면 청계리

청하

맑고 푸른 뜻의 포항시 북구 청하면은 천령산을 비롯한 산세도 수려
하거니와 나무와 숲 또한 무성하였다. 지금의 송라면도 1914년 이전
에는 청하에 속했으니 청하는 말 그대로 푸른 산, 맑은 물의 고장이었
다. 청하는 예전부터 노거수가 많기로 유명한 곳이다. 지금의 청하면
사무소 마당에는 수령 300년을 넘는 회화나무가 있는데, 이 고을에 현
감으로 부임한 겸재 정선謙齋 鄭敾(1676~1759)이 남긴 〈청하성읍도〉 그
림에도 등장한다.

청하면사무소와 청하초등학교가 자리 잡고 있는 일대는 원래 '청하
읍성'이 자리한 곳이다. 1530년에 간행된 『신증동국여지승람新增東國輿
地勝覽』의 기록에 의하면 청하읍성의 규모는 둘레 1,353척, 높이 9척에
우물 2곳이 있었다고 하며, 〈청하성읍도〉를 통해 눈으로도 확인할 수
있다. 장기읍성이 복원된 것처럼 여기 청하읍성도 복원이 가능하다고
보는 것은 겸재가 남긴 이 그림이 사실 청하읍성의 설계도와 마찬가
지라고 여기기 때문이다. 청하가 다른 지역에 비해 자연경관이 아름답
고 숲 자원이 풍부한 만큼 이 지역을 특화할 수 있는 문화자산이 절실
하지 않을까. 특히 겸재가 차지하는 위상을 생각한다면 청하읍성을 옛
그림으로만 접하는 것이 아쉽다.

조선 최고의 화가이자 화성으로까지 칭송받는 겸재는 우리의 자연
을 우리 식으로 그려내는 진경산수화의 창시자이자 동시에 완성자이
다. 그는 영조의 적극적인 후원을 받았는데, 영조는 왕으로 등극하기
전에 겸재에게 학문과 그림을 배웠고 왕위에 등극하고 나서도 이름을

부르지 않고 호로 대했다고 할 정도로 그에게는 예우를 다했다고 한다. 그래서 당시 경상도에서 제일 경치가 좋다는 청하 현감으로 올 수 있었던 것도 영조의 배려였다고 한다. 그런 겸재가 청하의 절경에 매혹되었다는 증거는 또 있다.

　1733년 이른 봄, 당시 겸재의 나이는 58세로 청하 현감으로 부임해 1734년까지 머물렀다. 비록 2년이라는 짧은 기간이지만 겸재의 주옥 같은 작품은 여기 청하에 머물면서 탄생하였고 내연산 계곡에 반한 그는 이곳 경치를 그린 그림을 여러 점 남기게 된다. 그중 화면 가득하게 산과 폭포가 시원하게 그려진 〈내연삼용추도〉에는 연산폭, 관음폭, 잠룡폭을 차례로 그려 넣었는데, 실제 연산폭포 아래 바위벽에 '갑인추 정선甲寅秋 鄭敾'이라는 탐승각자가 선명히 새겨져 있는 것을 보니 화창한 가을날 이곳 정취에 반한 겸재의 모습을 상상해 볼 수 있겠다. 갑인년은 1734년이니 현감으로 부임한 이듬해가 되겠다. 또한 우리나라의 영산으로 알려진 금강산 일만 이천 봉을 원 하나에 다 그려 넣은 국보 제217호인 〈금강전도金剛全圖〉를 1734년 청하에서 완성하게 된다. 이후 겸재는 노모의 부음을 접하고 현감의 임기를 다 채우지 않고 3년상을 치르러 이곳을 떠나게 된다. 만약 그가 이곳 청하에 더 오래 머물렀다면 아름다운 이곳의 풍경을 더 많이 남겼을 텐데 하는 아쉬움이 남는다. 그렇다 하더라도 그가 남긴 그림만으로도 이곳 청하를 얼마나 사랑했는지는 충분히 느낄 수 있다.

청하면 덕성리 276-3 회화나무 (320년)

이번에 만나볼 분은 겸재 정선(1676~1759)입니다. 장기면에서 우암 송시열, 다산 정약용을 읽었다면 여기 청하면에서는 겸재 정선을 떠올리게 됩니다.

진경산수화로 잘 알려진 겸재 정선의 그림 중에 '청하성읍도'가 있습니다. 겸재 정선이 청하현감으로 근무하면서 그렸다고 알려져 있습니다. 그림 속에 등장하는 회화나무가 이번에 소개드리는 나무입니다.

이야기 속에서만 혹은 책 속에서만 남은 역사를 이렇게 불러내는 것, 바로 '살아있는 역사' 나무 덕분이라 생각됩니다. 아울러 오늘날 자취를 감춘 청하읍성이 다시 복원되길 바래봅니다. 여기 회화나무에게 물어보면 그때의 이야기를 들려 줄지도 모르겠습니다.

- 2018. 9. 13

겸재 정선의 '청하성읍도'
점선 원 표시 안이 회화나무이다.

관덕관송전

청하읍성을 석축으로 쌓은 이는 겸재 정선보다 훨씬 앞선 시기인 조선 세종 때 이 곳 청하에 현감으로 부임한 민인閔寅이라는 분이다. 안동, 봉화, 영주, 풍기지방의 장정을 동원하여 성을 쌓았다고 전한다. 뿐만 아니라 민인은 청하천의 범람을 막고 관에서 쓰일 나무를 조달하기 위해 숲을 조성하였다. 청하면 덕성리에 위치한 청하중학교 교정에 현재도 남아 있는 '관덕관송전'이라는 숲이다. 은행나무가 양쪽으로 늘어선 가로수 길을 지나 청하중학교에 다다르면 학교를 둘러싸고 있는 소나무숲의 전경이 한눈에 들어온다. 원래 이 숲의 동북쪽에 활쏘기 훈련장이 있었다고 하는데 인근에 자연스럽게 주막촌이 조성되어 마을 이름을 활터라는 의미에서 사장射場터라고 불렸다. 근데 어감이 좋지 않아 관덕觀德이라는 이름으로 바꿔 불렀다고 한다. 그러니까 관덕은 지명이다. 사실 활쏘기를 살기殺氣 띄운 무술로서가 아닌 덕을 품고 과녁을 봐야 한다는 의미를 살린 것이며, 관송전官松田은 이름 그대로 관 소유의 솔밭이라는 뜻이다. 하지만 연산군과 고종 때 탐관오리가 이 숲을 벌채하느라 훼손했다고 한다. 그리고 일제 강점기와 6·25 전쟁을 거치면서 벌채되거나 개간되어 약 10ha에 달하였던 숲이 현재는 0.8ha에 5백여 그루만 남아 있는 상황이다. 불과 수십 년 전만 하더라도 지금보다 숲이 훨씬 넓었다고 하며 지금은 학교 주변으로 들어선 건물 위치도 전부 숲이었다고 한다. 그나마 다행인 것은 현재 기청산식물원과 청하중학교 재단인 관송교육재단이 숲을 인수해 이곳을 잘 보전하고 있으며, 2000년도에는 이 숲이 제1회 아름다운 숲 전국대회에서 학교숲 부문 대상의 영예를 차지하기도 했다.

현재 청하중학교의 관덕관송전의 나무 수령은 80~200년 가까이 된다. 이 숲은 청하중학교를 품는 형상으로 이곳 학생들을 감싸주고 이들에게 맑은 기운을 주는 동시에 지역 주민은 물론 기청산식물원을 방문하는 관람객의 정서를 가꾸는 쉼터로 자리하고 있다.

상대 마을숲·하대 마을숲

관덕관송전에서 방향을 조금 틀면 청하면 하대리이다. 이곳에도 규모는 작으나 아름드리 소나무들이 숲을 이루고 있으나 관리는 그리 잘되지 않고 있다. 하대리 위로는 상대리라는 지명이 나오는데, 붓갓산 동편 기슭 청하천변에 형성된 마을이다. 웃한들이라 부르던 것을 한자 표기에 따라 상대평이라 했는데 1914년 상대리로 하였다. 이 일대는 포도농장이 넓게 있었다. 1974년도에 모회사에서 이 일대를 매입하여

30ha 규모의 포도원을 조성해서 포도주의 주원료를 생산했던 곳이다. 하지만 1990년대에 들어서면서 포도원은 없어지고 하훼단지가 조성되었다가 현재는 농경지로 개간되어 사용되고 있다. 이곳에도 각각 소나무밭이 있다. 300년 전 홍수 때 하천의 범람을 방지하고 제방을 보호하는 호안림으로 조성되었으며, 또한 동해의 거센 바닷바람으로부터 마을을 안전하게 막아주는 방풍림이다. 같은 소나무밭이라 해도 소나무의 모양이 제각각이듯이 관덕관송전은 굵고 높이 자란 소나무들이 제멋이라면 상대리의 솔밭은 나지막하게 자란 500여 본의 해송들이 또 다른 풍경을 보여준다.

하대 마을숲

청하면 하대리 286-2~3 소나무 (200년)

'추워진 뒤에야 소나무와 잣나무가 시들지 않음을 안다'
겨울이라 상록수가 더 돋보이는 계절, 12월. 우리 지역 소나무를 만나
보겠습니다.
정겹지요? 오래된 나무에 당집이 지어진 풍경. 그대로 종교입니다.
멀리 비학산이 보이고 너른 청하 들 논길 가운데 홀로 자리 잡은 소나
무. 마을의 평안을 빌고 소박하게 우리들의 안녕을 빌었을 것을 생각
하면 그 종교라는 것도 무시무시한 게 아니라 정겨움입니다.

- 2018. 12. 6

포항에 사는 나무 56

청하면 필화1리 20-4 소나무 (170년)

월포사거리에는 여러 그루가 어울려 한 그루처럼 아름다운 수형樹形을
만들어 내는 소나무가 있습니다. 소나무도 5월이면 송홧가루 날리는
꽃이 피고 가을이면 갈색잎이 떨어집니다. 다만 그해 새로 난 잎들이
그대로 겨울을 나서 늘 푸르게 보이는 것이지요. 늘 푸른 소나무에도
철마다 모습을 바꾸는 논밭과 어울리는 사계절이 다 들었습니다.

- 2019. 4. 4

서계수

하대리, 상대리 지나 조금 더 올라가면 유계리라는 곳이 나온다. 이름만큼이나 아름다운 곳인데 청하로 해서 경북수목원으로 가는 길목에 있는 마을이다. 유계리라는 지명은 1914년 서계, 유치이, 황배이와 같은 자연부락을 통폐합하여 불려졌다. 서계라는 지명은 청하 고을 서쪽 계곡에 있는 마을이라는 뜻인데, 그래서 이곳 유계리에 있는 마을숲을 숲 수藪자를 써서 '서계수'라고 부른다. 지금은 유계 마을숲이라고 부르는 게 더 익숙하다. 유계 마을숲은 앞서 언급한 관송전이나 상

대 마을숲과 달리 느티나무와 팽나무로 이루어진 활엽수림이다. 나무 수령도 몇백 년은 됨직해서 이 마을숲으로 지나가면 그 오래된 기품이 마을을 더욱 돋보이게 한다. 이곳도 일제 때 총개머리판을 만들기 위해 느티나무들이 벌채되어 많이 줄어들었다고 한다. 마을 숲속에는 마을회관이 자리하고 있는데 회관 건물 뒤로도 오래된 느티나무들이 있는 걸로 보아 숲의 규모는 지금보다 더 컸으리라 쉽게 짐작할 수 있다. 뿐만 아니라 도로 하나 건너에 있는 마을 집들 사이 사이에도 할배당수나무와 할매당수나무가 있어, 숲속에 집들이 자리 잡은 게 맞는 표현일 듯하다.

포항에 사는 나무 57

청하면 유계2리 466 느티나무 (500년)

얼마나 많은 이야기를 들어주었을까. 그저 계절에 맞춰 변해가는 모습을 보여주었을 뿐인데 위로를 받은 사람들은 또 얼마나 많았을까.

마을의 역사가 글자로만 이야기로만 전해오는 것은 어쩐지 부족합니다. 몸통은 썩고 부러지고 잘려나가도 500년 마을을 지키며 어김없이 생명을 피워내는 모습은 큰 울림을 줍니다.

청계수

청하의 숲을 하나 더 소개한다면, 청하면 청계리에 있는 청계 마을 숲을 들 수 있다.

마을 입구에 300년생 느티나무가 마을을 지키고 있고, 이름 그대로 마을 앞으로 맑은 냇물이 흐르는 아름다운 동네가 청계리이다. 풍수해를 막고 샛바람을 막기 위해 마을 앞 청계천변을 따라 조성한 수구막이 숲이다. 하지만 이곳 역시 6·25전쟁 등으로 훼손이 심했으나 해송을 보완 식재하고 회화나무, 쉬나무 등을 새로이 심고 가꾸어 약 100~300년생 느티나무, 팽나무, 말채나무와 어울리는 아름다운 숲을 이루고 있다.

- 2020. 1. 16. 《경북일보》

청하면 청계2리 557-2 느티나무 (300년)

청하면의 진산은 호학산입니다. 호학산이 어디인지는 의견이 분분하지만 호학산 아래 청계리가 있습니다.

'청하' 이름만큼 예쁜 '청계淸溪'

하지만 고구려와 신라가 팽팽히 맞섰던 격전지라고도 합니다.

보호수인 느티나무 외에도 팽나무, 말채나무, 소나무들이 청계 마을숲을 이루고 있습니다.

- 2019. 9. 5

청아 223

소동 마을숲(호암수虎岩藪)

　청하읍성의 조산祖山(풍수지리에서, 혈穴에서 가장 멀리 있는 용의 봉우리)
인 용산(203.3m)의 남쪽 산기슭에 자리하며 범바우虎岩, 손등, 지릿골
과 까치골 일부의 자연부락을 합하여 1914년 행정구역 통폐합 때 소
동蘇洞이라 하였는데, 마을의 지형이 '손등' 혹은 '소의 등'과 같다 하여
손등, 소등이라 하던 데서 유래하였다. 마을 앞을 흐르는 작현천 물가
를 따라 소나무가 줄지어 서 있고 팽나무와 느티나무, 상수리나무 등
이 어울리며 시원한 풍광을 이룬다. 다만 나무들 틈 사이로 마을회관
이 들어서서 숲의 일부가 훼손된 듯하여 아쉽다. 가장 큰 특징은 높이
10m 정도의 모과나무로 수령이 300년에 달한다. 예전에 유둣날 동제
를 지내던 500년생 소나무가 1959년 사라호 태풍 때 고사한 후에는
이 모과나무에서 다시 지낸다고 한다. 모과나무 뒤 상수리나무도 수령
이 상당히 오래되 보이며 용산으로 오르는 등산로가 있다.

청하면 소동리 815 모과나무 (280년)

사람들은 모과를 두고 세 번 놀란다고 합니다. 우선 모과가 너무 못생긴 과일이어서 놀라고, 못생긴 과일의 향기가 너무 좋아서 놀라고, 그리고 그 향기 좋은 과일이 맛이 없음에 놀란다고 합니다.

모과는 그럭저럭 알지만 모과나무는 모르는 사람이 많습니다. 하지만 모과나무 또한 나무껍질을 한 번만 보면 그 매력에 잊을 수가 없습니다. 매끈거리고 윤기가 나는 얼룩 모양과 빛이 매우 독특하기 때문입니다.

느티나무나 은행나무처럼 한 줄기에서 크게 자라지는 않지만 오래된 모과나무는 전국에서도 많지 않습니다. 포항에는 청하면 소동리와 서정리에 각각 있어 그 아름다움을 즐길 수 있습니다.

- 2018. 8. 30

♠ 참고문헌

『우리가 정말 알아야 할 우리나무 백가지』(이유미, 현암사)

포항에 사는 나무 60

청하면 서정리 171 모과나무 (320년)

수줍은 듯 붉은 다섯 잎의
모과꽃

모과나무가 장미과라면 놀라시겠죠?

못생긴 모과가 아름다운 장미과라니.

흔히 모과나무 하면 노란 모과 열매를 먼저 떠올리지만 아는 이들은
지금 계절에 피는 모과나무꽃을 노래합니다.

수줍은 듯 붉은 다섯 잎의 모과꽃은 어쩌면 화려한 장미꽃보다 더 정
겨워 사랑스럽습니다. 꽃이 피었던 자리에 모과 열매가 달리겠지요.

나무 높이 12m, 수령 320년 서정리 모과나무. 올해도 빠알간 모과꽃
이 피었습니다.

- 2019. 4. 18

미남 마을숲(필미수筆美藪)

　1938년 간행한 『조선의 임수』라는 책에는, 우리나라 강 주변과 바닷가의 숲 209개가 수록되어 있는데 여기에 청하면 '미남리 송림'도 포함되어 있다. 또 1994년에 발간한 『마을숲』(열화당)의 전국 숲 조사에서 당시 영일군의 숲 여섯 군데가 실려 있는데 청하면 미남리 마을숲이 '필미숲'이라는 이름으로 나와 있다. 그만큼 역사와 내력이 깊은 숲이라는 뜻이겠다.

미남리라는 지명은 1914년 행정구역을 개편할 때 위필미筆美, 남치이南川, 새장터 등의 자연부락을 합치면서 위필미의 '미'와 남치이의 '남'을 합쳐 붙여진 이름이다.

위필미는 필봉筆鋒이라고도 하는데, 마을 뒤에 있던 산이 붓끝 모양이고, 선비가 많은 아름다운 마을이란 뜻에서 그렇게 불렀다고 한다. 따라서 마을숲도 필미숲이라고 하였다.

다시 『조선의 임수』를 살펴보자.

'본 수림의 성립 유래에 대해서 마을 장로의 말에 의하면, 30년 전 남천의 홍수 때에 취락의 상류 하반의 송전松田과 감정리甘井里 대지 사이의 미립목未立木 지대에서 범람하는 탁류가 매우 넓은 면적에 걸쳐 경작지에 들이닥쳐, 미남리 취락을 직격하여 많은 민가가 침수되는 피해를 입었다. 이를 개선하기 위해 취락의 장로들이 상담하여 먼저 서쪽 주연부에 방수防水를 위해 땅을 높여 적송을 밀식하였고, 그 11년 후에 서쪽 주연부와 거의 직각으로 남쪽 외연부에 식재하였다. 그 후에는 전과 같은 대홍수가 나지 않았다.'*

미남리 숲은 서쪽 경계부가 300m, 남쪽 경계부가 400m로, 합해서 700m에 달하는 'ㄱ' 자 모양이며 처음에는 수해방비림, 풍해방비림의 기능을 하였다고 같은 책에서 설명하고 있다.

---

* 『역주 조선의 임수』((사)생명의숲 국민운동, 지오북 2007), pp.380-381

예로부터 이 마을은 풍수적으로 '행주형국行舟形局'이라 해서 배가 떠내려가는 것을 막기 위해 서남쪽에 인공 송림을 조성하였다. 그리고 배를 안정시키기 위해서 마을 중앙에 돛대를 상징하는 '짐대'라는 솟대를 세워두기도 하였다. 오월 단오가 큰 명절이었던 시절에는 숲 소나무에 그네를 매달아 놓고 마을 사람들이 잔치를 하였던 장소였다.

지금은 농지로 개간되고 농협창고와 마을회관 등 건축물이 지어지면서 겨우 몇 그루의 소나무와 곰솔들이 그 명맥을 유지하고 있으며 키 큰 상수리나무 한 그루가 건물과 소나무 틈에 꿋꿋이 서있다.

청하면 명안2리 산20-3 소나무 (230년)

논둑길에 있으면 농부를 닮고 서원에 있으면 선비를 닮고
당집이라도 같이 있을라치면 더 신령스러워 보이는.
나무야 분별이 있겠습니까마는 보는 제가 그렇게 보는 까닭이겠지요.
남구 바닷가 계원리 곰솔은 구불거리는 용틀임이 멋이라면
북구 청하의 이곳 소나무는 장대하게 뻗은 맛이 일품입니다.
한 해가 저뭅니다.

- 2018. 12. 27

청하면 월포리 181 팽나무 (320년)

멋있는 나무 뒤로 앙증맞은 기차 보이시나요?
겨울나무 담으러 갔다가 뜻밖에 지나는 기차가 운치를 더합니다.
포항-월포-장사-강구-영덕까지 가는 동해선 무궁화열차입니다.
어찌 보면 황량할 수 있는 바닷가에 마을의 당산나무가 있는
해수욕장 바닷가는 그리 흔하지 않을 것입니다.
얼마 전 타계한, 인간문화재 고 김용택 선생의
고향이기도 한 월포는 국가무형문화재
동해안별신굿과 수많은 이야기를
간직했음직한 300년 팽나무.
그리고 최근의 바다가 보이는
기차역까지.
포항의 또 다른 이야깃거리임에
틀림없습니다.
- 2019. 1. 17

청하 235

청하면 청진2리 8 팽나무 (320년)

비스듬한 경사면에 뿌리를 내려서인지 보는 이 쪽으로 쏟아질 듯한 가지들은 괴기스러운 느낌마저 듭니다.

구불거리며 굵은 줄기에서 가는 잔가지로 뻗은 팽나무가 마치 사람의 혈관 모양 같다면 의사라는 직업 탓일까요?

어쩌면 나무는 땅과 하늘을 연결하는 혈관 혹은 통로일지도 모르지 않을까요.

- 2019. 1. 31

청하면 용두리 274 회화나무 (400년)

하루가 다르게 봄입니다. 산수유, 개나리, 목련, 벚꽃을 거리에서도 쉽게 볼 수 있습니다.

큰 나무에도 봄입니다. 겨우내 말라 있던 가지 끝에 물오르는 소리가 꽃이 전하는 봄보다 무게가 있습니다.

용두리는 POSCO월포수련원이 있는 곳으로 수련원 맞은편 산이 애기장수 전설이 있는 용산龍山입니다.

190m로 높지 않으니 이 봄에 한 번 다녀오셔도 좋겠습니다.

- 2019. 3. 27

1968년 송라면 대전1리

송라

하송숲

송라면 하송리는 천령산에서 발원하여 동쪽 바다 월포만으로 흐르
는 청하천 북쪽에 형성된 마을이다. 옛날에 마을 주변에 송림이 많아
상류에서부터, 맨 위쪽을 상송上松, 중간을 중송中松, 가장 아래쪽을 하
송下松이라 불렀다. 세 마을을 합쳐 삼송리라 불렀는데, 1914년 행정구
역 개편 때 상송은 상송1리, 중송은 상송2리, 하송은 하송리라 하였다.
하송리는 흔히 '하송리'라 부르는 본동과 국도변에 위치한 참샘이冷泉
로 나뉘어졌고 각각 하송1리, 하송2리로 되었다.

조선 세조 때 인근 8개 읍에 소재하는 역참을 관할하는 송라도찰방
이 청하면 덕천리에 들어서고 하송마을은 조선 세조 4년(1458)부터

447년간 송라도찰방이 관할하는 역촌으로 번창하여 주변에 12개 마을이 형성되었다 한다. 한말 청하군 북면 소재지로 외역이라고도 불렸으며, 한때는 장이 설 정도로 번창하였다.

하지만 여느 시골 마을들이 다 그렇듯이 지금은 나이 드신 분들이 마을을 외로이 지키고 있을 뿐이다. 인적이 드물어 한적한 마을길을 따라 동쪽으로 걷다 보면 마을이 끝나는 지점에 논이 나오고 그 너머로 너른 숲이 둘러싸고 있어 마을을 보호하는 듯 편안하다. 숲 너머로는 7번 국도가 지나가고 그 멀리로는 동해 바닷가가 있으나 마을에서는 숲 전경만 보일 뿐이어서 아늑한 느낌이다. 마을에서 바라보면 명백한 수구水口막이 숲임을 알 수 있다. 수구水口란 풍수지리에서 나오는 말로 물이 들어오거나 나가는 곳을 뜻한다. 그러니까 수구막이라고 하면 그러한 물이 드나드는 것을 막아준다는 의미이다. 그렇다고 댐을 막아 물을 고이게 하는 저수지 같은 효과를 이야기하는 것이 아니다. 풍수지리에서 수구막이라는 뜻은 물이 빠져나가지 않는 느낌이 들도록 하는 심리적 효과를 말한다. 수구막이 숲은 마을의 앞쪽으로 물이 흘러가는 출구나 지형상 개방되어 있는 부분을 막기 위해 가로로 길게 조성한 숲으로 인공림이다. 한국인의 전통적인 의식구조 속에는 이렇게 열려 있는 마을의 앞부분을 가로막아야 영화로운 모든 기운이 마을 안에 저장되어 부귀영화가 초래된다고 하는 믿음이 뿌리 깊게 간직되어 있다.

풍수지리로 보면 하송마을은 행주형국行舟形局이라 한다. 땅의 모양이 사람과 물건을 가득 싣고 떠나는 배의 형상을 말한다. 떠다니는 배는 늘 위험이 따른다. 위험이 따르기에 전통적으로 마을에서 금기시

하는 일이 많다. 배는 사람과 물건을 많이 실으면 가라앉기 때문에 마을에 석탑이나 기와집을 세우면 마을이 망한다는 얘기가 전하는가 하면, 우물을 파면 배에 구멍이 뚫려 배가 침몰한다 하여 함부로 우물을 파지 못하게 하였다. 행주형 지세의 마을은 배의 안정과 순조로운 항해를 위해서는 돛대의 설치가 필요하다 믿었다. 배의 한복판에 돛대가 세워지듯이 마을 한가운데에 돛대가 세워지는 것이다. 행주형 지세를 안정시키기 위하여 하송리에도 마을 중앙에 '짐대'라 불리는 솟대가 있었다. 짐대는 돛대와 같이 생긴 긴 장대를 가리킨다. 하지만 세월이 흐름에 따라 풍수지리를 미신으로 여기는 분위기와 마을에 나이 많은 분들이 세상을 떠나면서 하송리의 짐대는 방치되다가 결국 썩어 없어지고 현재는 남아있지 않다.

짐대와 더불어 행주형의 하송리를 풍수지리로 보호하는 수구막이 인공숲을 조성한 이는 조선시대 부사과를 지낸 윤기석의 처 청풍김씨 김설보라는 사람이다.

조선시대 삼송리에 역촌이 조성되고 번창함에 따라 숲의 훼손 또한 진행되었고 고종 때에는 훼손이 더욱 극심해 마을의 안위까지 걱정되기에 이르렀다. 이때 역촌에서 큰 주막을 경영하여 자수성가한 김설보 여사가 거액을 쾌척하여 숲 일원을 매입하여 느티나무, 쉬나무, 이팝나무 등을 심어 마을에 기증하였다 한다. 숲이 울창해지고 있을 때 홍수로 상류의 호룡골 저수지가 붕괴되어 마을 앞 하천이 범람한 일이 있었다. 이때 볏단이며 가구며 가축들은 물론 사람까지 급류에 떠내려가다가 숲에 걸림으로써 인명과 재산을 구하게 되었다고 하는데, 이에 연유하여 이 숲을 '식생이食生而숲'이라 불렀다 하고 일명 외역숲으로도 불렀다고 한다.

마을 하나가 떠내려가는 큰 물줄기로부터 사람을 구할 만큼 여기 하송숲의 규모는 상당했을 것으로 짐작이 된다. 또한, 불과 반세기 전까지만 해도 해마다 숲에서 열리는 단오절 축제를 구경나온 어린이들이 길을 잃고 헤맬 정도로 숲의 규모는 거대했다고 전해진다. 하지만 그렇게 울창했을 숲의 규모는 많이 줄어든 채 현재 남아있다.

일제 강점기 때 총의 개머리판을 만들기 위해 느티나무는 모두 베어지고 이후 마을 사람들이 상수리나무 위주로 다시 숲을 조성하였다. 그리고 언제부터인지 숲의 중앙 넓은 규모에 논이 들어서면서 숲의 영역은 줄어들었고 그나마 남은 숲들도 분리되어 따로 떨어져 보인다. 뿐만 아니라 농기계는 물론 모판이라든지 농사 짓는 부산물로 인해 숲의 경관은 많이 훼손되었다. 예전에는 분명 숲이었을 자리에 한두 채씩 민가가 들어서면서 숲의 규모를 축소하였다.

숲의 훼손과 대조적으로 몇 해 전 상송리에는 골프장이 들어섰다. 7번국도에서 하송숲으로 들어가는 입구와 골프장 진입로가 마침 같다. 하송마을에서도 보이는 골프장을 탓할 수야 없지만 마을의 안위를 위해 풍수지리적으로 숲을 가꾸던 옛날 분들의 마음가짐과는 많이 달라진 세태는 그래도 씁쓸하다. 풍수지리가 미신이든 아니든 간에 결국 그 목적은 마을의 번영과 사람들의 안녕이었다는 점은 중요하다.

숲 한쪽에는 (사)노거수회에서 숲의 소중함을 알고 마을을 사랑하는 마음을 실천한 김설보의 공덕을 기리기 위해 제작한 기념비가 건립되어 있다. 숲 규모에 비해 넓게 자리 잡은 육중한 기념비가 어울리는지는 차지하고서라도 숲의 이름을 '여인의 숲'이라고 명명한 것은 다소

불편하다. 이 숲은 마을숲으로 마을의 역사, 문화, 신앙과 함께 해 왔을 터이다. 마을 사람들의 사회적 활동은 물론 정신문화적 생활 그리고 다양한 이용을 담는 마을 공용의 녹지가 바로 마을숲이다. 비록 김설보라는 개인의 높은 뜻과 희생을 모르는 바 아니나 마을숲에 개인적인 이름을 붙이는 것은 마을숲의 기능과 가치를 봤을 때 좀 부족하지 않을까 싶다. 거기다가 김설보 개인의 이름도 아니고 '여인'이라는 단어를 이름에 붙임으로써, 그 단어가 주는 어감으로 숲의 성격이 왜곡되어 보이지는 않을까 하는 의구심이 든다. 마을 숲답게 하송리숲이나 하송숲으로 불려도 충분하리라 본다.

하송숲이 사랑스러운 가장 큰 특징은 상수리나무, 팽나무, 느티나무, 이팝나무, 쉬나무같은 활엽수가 주종을 이루고 있다는 것이다. 소나무가 주종인 대개의 마을숲과 달리 봄에는 여린 잎이, 여름에는 녹음과 더위를 식혀주는 큰 그늘이, 가을에는 주변 누른 벌판과 어울려 곱게 물든 모습이나 상수리나무에서 떨어지는 도토리와 도토리를 줍기 위해 바삐 움직이는 다람쥐들까지, 그리고 겨울에 잎을 다 떨구고 마른 나뭇가지들이 만드는 쓸쓸하고도 아름다운 풍경까지 계절마다 다른 아름다운 모습을 보여준다. 그 아름다움을 인정받아 2011년 생명의 숲과 산림청, 유한킴벌리가 공동으로 주최한 '제12회 아름다운 숲 전국대회'에서 공존상을 받기도 했다.

- 2019.12.26.《경북일보》

♠ 참고문헌

『아름다운 포항, 유서깊은 마을』(포항시, 2007)

두곡숲

　마을숲은 수백 년 동안 마을과 함께해 온 숲들이 많다. 마을의 좋은 기운을 보호하고 마을에 액운을 막기 위해 조성된 숲이 마을숲이다. 처음 인공적으로 숲을 만들 때의 목적은 그러했다. 하지만 남몰래 사랑을 가져 서성거렸던 곳도 마을숲이고, 세상 일이 마음대로 되지 않아 울분을 달래며 걷고 싶은 곳도, 누군가에게 말할 수 없는 마음을 털어놓고, 풀어놓는 곳도 마을숲이 되었다. 나뭇가지에 그네를 매달아 놀던 곳도, 한 여름날 잘 익은 수박 먹으며 더위를 식히던 곳도 마을숲이었다. 즉, 생활의 터전이면서 기쁜 일이든 슬픈 일이든 개인이나 마을의 역사와 같이해 온 것이 마을숲이다. 이렇듯 마을의 역사적 사건을 함께 지켜본 마을숲으로 대표적인 곳이 송라면 대전리에 있는 두곡 숲이 아닐까 한다.

7번 국도 변에서 '대전리 3·1의거 기념관'이라 써 놓은 표지판을 따라 서쪽으로 접어들면 대전리로 향한다. 내연산 지맥이 동해 바다 쪽으로 뻗어 나와 형성된 천마산과 또 다른 지맥인 지경리 뒷산 사이 골짜기에 형성된 마을이다. 화진해수욕장으로 흘러드는 대전천이 도로 오른쪽으로 흐르고 높지 않은 바위벽들이 제법 눈길을 줄 만하다. 마을 진입 도로 입구에 '三一 만세촌'이라 써진 작은 돌이 있지만 여간 눈 밝은 사람이 아니면 찾아보기도 힘들다. 오히려 이곳 천마산 기슭에 골프장이 생겨서 골프장 입구라고 하면 금방 알아듣는다. 이제 숲의 위치보다 골프장의 위치가 더 익숙하게 되었다.

여기 마을은 고려 말기에 제주 강씨가 마을을 일구기 시작한 후 순흥 안씨가 정착하면서 마을이 번성하게 되었다고 한다. 대전리라는 이름은, 1914년 행정구역 통폐합 때 주변 지역인 산령전山靈田, 심방尋芳, 듬실斗谷을 합치고, 동대산東大山의 '대'와 산령전의 '전'을 따서 대전리大田里라 하였다. 글자의 한 자씩 따서 만들어진 셈이다. 오늘날도 지역의 통폐합 때 이런 식으로 새로운 지명을 만들곤 하는데, 이렇게 만들어진 지명은 지역 고유의 정체성과는 전혀 무관하게, 역사와 전통을 송두리째 잃어버리게 된다.

대전리의 중심이 되는 마을은 '듬실'이라고 하는데, 마을 앞 개울가에 볏짚으로 엮은 뜸 모양의 바위가 있어 '듬바위'라 하는 데서 듬실斗谷이라 붙여졌다고도 하고, 들이 '두斗'자 모양이어서 두곡斗谷이라 불렸다고도 한다. 또한 듬실_{村藪}은 3·1운동 때 영일 지역 만세운동의 근거지가 된 마을로 이름나있다. 입구에 '3.1 만세촌'이라는 표지석의 내력이 더 궁금해졌다.

사실 마을 전체가 80여 호에 불과한 한 마을에서 14명의 3·1의사가 난 곳은 전국에서도 유례를 찾아볼 수 없다고 한다. 향토사학자 이상준의 『포항의 3·1운동사』에 따르면, 대구를 제외한 경북에서는 포항지역이 가장 먼저 3·1운동이 일어난 곳으로, 1919년 3월 11일 당시 포항면에서 만세운동가 일어나고 3월 22일 청하면에서 청하장날에 맞춰 청하면과 송라면 대전리 출신 23인이 주동이 되어 만세운동이 있었다.

이들은 거사 전날 미리 준비한 태극기로 22일 오후 1시, 만세 선창을 하였다. 일본 경찰이 몰려와 총검으로 위협하며 군중들을 해산시키려 하였으나 장날에 모인 많은 사람들이 일제히 호응하여 만세의 함성은 청하장터에 울려 퍼졌다. 덕성리 청하장터에서 일어난 이날의 시위로 주동 인물 23명은 일본 경찰에 검거되었다. 하지만 이들이 검거되어 대구로 압송되자, 송라면 대전리 마을주민들은 그로부터 5일 후인 3월 27일 다시 대전리에서 만세운동을 하였는데 그때의 장소가 바로 두곡숲이었다. 박은식의 『한국독립운동지혈사』에 의하면 청하의 만세운동이 2회가 있었으며 500여 명이 참가하고 부상자와 검거된 사람도 90여 명으로 그 규모가 대단했다고 전해진다. 3·1운동 이후 일본 경찰의 감시가 삼엄한 관계로 80여 호의 가구 수가 50여 호로 줄어들었으나 대전리 어린이들은 골목에서 놀 때도 만세놀이를 할 정도였다 해서 마을을 '3·1 만세촌'이라 부른다 한다.

한편 마을에는 의사들의 후손들을 중심으로 구성된 3·1동지회가 선열들의 애국정신을 계승하고 있는데, 여기 지역 출신 14인의 숭고한 독립정신과 대전리 마을주민들의 만세운동을 기리는 '3·1의거 기념비'가 1986년에 대전리 두곡숲 한쪽에 건립되어 그날의 일들을 기록하고 있다. 사실 청하·송라지역 3·1운동에는 이익호라는 분의 영향이 절대적이었다. 송라면 화산동(현재의 화진리) 출신으로 일찍이 상경하여 민영환 선생 휘하에서 항일정신을 본받았다. 1905년 을사늑약 체결 후 민영환 선생이 자결순국하자 이익호는 고향 송라로 내려와서 대전리에 대전교회를 설립하고 청하 읍내에 청하교회를 설립하는 등 기독교 중심의 구국계몽운동에 힘썼다. 청하장터에서의 3·1운동이 그가 설립한 대전교회에서 시작되었는 것을 보면 그의 역할이 컸다는 것을 알 수 있다. 하지만 1918년 45세의 나이로 안타깝게 세상을 떠났으며 그의 유지는 장남 이준석에게로 이어졌다. 2001년 설립한 '대전 3·1의거 기념관'은 대전리 출신 3·1의사 중 한 분이며, 이익호의 장남인 이준석 의사의 생가터이다. 그리고 2005년에는 기념관 옆에 이준석 의사의 생가를 복원해 두었다.

두곡숲이 역사의 현장이었던 사건은 또 있다. 임진왜란 때도 의병의 활동사가 자리하는 곳이다. 당시 왜군이 인근 화진리 화진해수욕장에 주둔해 있었는데 의병과 관군이 이곳 두곡숲에 매복해 있다가 왜군과 치열한 전투를 벌였다고 한다.(앞서 살펴보았듯이 두곡숲은 화진리 바닷가와 불과 2km 정도 떨어져 있으며 마을에서 화진해수욕장으로 대전천이 흐른다.)

두곡숲은 마을에 살던 공씨 부부가 조성했다고 전해지며 예전에는 둘레 8km의 넓은 숲이었다고 한다. 숲이 마을 동쪽에 위치하고 있어서 마을 동쪽 큰 숲이라는 뜻으로 대동수大東藪라고 불리기도 했다. 지금은 숲 대부분이 농지로 전환되어 그때의 위용을 볼 수는 없지만 느티나무와 참나무 그리고 소나무 등의 수종이 남아 있으며 수령 200~500년생 노거수가 여러 그루 있어 비록 규모는 작으나 그 기품은 여느 숲 못지않다. 특히 숲 중앙에 보호수로 지정된 거대한 느티나무는 여러 갈래로 자란 수형이 보는 이 누구나 감탄을 하게 한다. 숲의 터줏대감 격으로 마을의 3·1운동은 물론 임진왜란 때의 전투도 지켜보았을 법한 느티나무 노거수는 수령 500년이 넘은 오늘날에도 봄에는 여린 잎을, 여름에는 시원한 그늘을, 가을에는 더없이 깊은 색으로 물들이다가 겨울에는 마른 가지로만 차가운 바람을 맞는다. 너른 바윗돌과 특히 조그마한 당집과 어울리며 시원하게 서 있는 모습은, 늘 그리는 전형적인 고향의 모습 그대로이다. 주변의 나뭇등걸에 앉아 옹색해진 자신을 잠시나마 내려두고 싶은 그런 마음이 절로 든다. 숲은 여러 그루의 나무가 어우러져서 만들어진다지만, 한 그루의 나무만으로도 때론 숲 못지않은 아우라를 보일 때가 있다.

- 2020.2.20. 《경북일보》

♠ 참고문헌

『포항의 3·1운동사』(이상준, 포항문화원, 2016)

송라면 대전1리 370 느티나무 (580년)

이 나무는 임진왜란을 지켜보았을까요?

송라면 대전리에는 '두곡숲'이 있습니다. 임진왜란 당시 의병부대가 왜군을 기습하기 위해 매복해 있었던 숲이고, 청하장터 3·1만세운동 또한 나무는 모두 알고 있을 겁니다.

청하현의 역사를 고스란히 간직하고 있는 여기 느티나무는 실제로 보면 더욱 멋있습니다.

송라면 방석리 218 느티나무 (580년)

7번 국도로 올라가다가 송라 들어서서 좌회전하면 보경사 중산리, 우회전하면 만나는 곳이 방석리입니다.

'일제 강점기 때 고을의 어떤 사람이 이 나무의 아래쪽 굵은 가지를 잘라 농을 만들었다고 한다. 이후 그는 알 수 없는 병에 걸려 백약이 무효였다고 한다. 애타는 마음에 그 어머니가 점술가를 찾아가니 절 받는 신목을 훼손하여 방에 들여놓은 탓이라고 하였다. 그래서 그 농을 불태우고 재를 챙겨서 나무를 찾아가 술을 올리며 빌었더니 얼마 후 신통하게도 병이 나았다고 한다.'

이런 이야기를 간직한 근 600년의 느티나무. 크지만 압도적이지는 않은, 늘 우리 편 같은 나무. 7번 국도 따라 송라 지나며 오른편 바다 쪽으로 바라보면 들판에 늘 그렇게 서 있는 정말 위안이 되는 느티나무를 보실 수 있습니다.

- 2019. 2. 7

학산수

송라 하면 빠트릴 수 없는 것이 내연산과 보경사이다. 내연산의 이전 산 이름은 종남산終南山이었다. 종남산이 내연산이 된 이유는 신라 51대 진성여왕 때 이야기이다. 이때는 신라의 국운이 다해갈 때여서 조정이 많이 불안했다. 옛 백제 땅에서는 견훤이 반란군을 이끌고 스스로 왕위에 올라 신라를 압박하고 있었다. 그때 진성여왕과 신하들은 종남산으로 피난을 하였다. 비록 피난 신세였지만 종남산의 폭포와 산세가 너무나 아름다웠다. 그래서 안 내內 자, 끌 연延 자를 써서 '안으로 끌어들이는 산', '안으로 맞이하여'라는 의미로 내연산이라 지었다고 한다.

7번국도에서 내연산으로 들어가면 광천리, 중산리를 지나게 된다. 들어가는 초입부터 수백 년씩이나 오래된 나무들이 때론 한두 그루 또 어떤 곳은 숲을 이루어 있는 모양을 보게 되는데 옛 진성여왕이 안으로 끌어들인다고 한 연유를 이해할 것도 같다. 그 시절에 얼마나 숲이 많았을까는 지금 몇 그루씩 남아 있는 흔적으로도 충분히 짐작이 가능하다.

중산리는 현재 1리에 해당하는 '중리'와 2리에 해당하는 '학산' 그리고 보경사 구역 내에 있는 마을로 3리에 해당하는 '덕곡' 세 개의 자연부락을 합치면서 중리의 '중'과 학산의 '산'을 따서 중산리라 하였다.

　학산은 마을 앞의 지형이 학을 닮았다 하여 불려진 지명이며 조선 숙종 18년(1692)에 회재 이언적을 모신 학산서원이 건립되었으나 조선말 서원철폐령에 의해 없어지고 위패 무덤터와 하마비가 남아 있다.

　학산수는 중산2리에 있는 숲으로 지금은 도로 가에 홀로선 팽나무가 먼저 눈에 들어온다. 동해안 해풍을 막아주는 방풍림으로, 남북으로 길게 조성되었다고 하며 지금은 몇 그루의 소나무들이 남아 숲의 흔적을 알 수 있게 한다.

송라면 중산2리 17 팽나무 (280년)

다른 나무처럼 일부러 찾아가지 않더라도 오가는 길에 한 번쯤은 보셨을 나무가 소개드리는 팽나무입니다. 바로 보경사 들어가는 길에 고고히 서 있습니다.

느티나무나 은행나무만큼은 아니어도 수령도 오래 되고 나무 크기도 크게 자라 마을을 지키는 당산목으로도 많습니다. 하지만 팽나무는 느티나무나 은행나무와는 사뭇 다른 느낌을 개인적으로 갖습니다.

제주도를 그린 강요배 화가를 통해 팽나무를 본 인상이 강해서인지 모르겠습니다. 그리고 팽나무의 한자 표기는 팽목彭木. 지난 2014년 4월, 비극의 현장이 되었던 전남 진도의 팽목항이란 이름은 주위에 팽나무가 많아서 붙여진 이름이라 합니다.

- 2018. 9. 20

송라면 보경로 523 탱자나무 (400년)

탱자나무 400년이라. 400년도 드물지만 탱자나무라서 더욱 귀합니다. 그래서 우각리 향나무와 더불어 경상북도 기념물로 지정되어 있습니다. 조선 시대 형벌 중에 '위리안치圍離安置' 들어보셨지요? 오늘날 가택연금 이라 할 수 있겠는데, 죄인이 거처하는 집 둘레에 가시로 울타리를 치고 그 안에 가두던 형벌입니다. 그때 탱자나무를 이용하였다고 합니다. 보경사 경내에 있는 이 오래된 탱자나무야 위리안치 목적으로 사용되 었을 리 없겠지만 지금의 이 나무가 오히려 장독대에 둘러 갇힌 느낌 입니다.

- 2018. 11. 29

1987년 포항 송림

포항 도심

철길숲

　세계의 모든 문물이 집약되어 누구나 찾고 싶어 하는 도시 뉴욕. 그
곳 중심부인 맨하튼 남서부에 고가 형태로 놓인 화물철도가 있었다.
한때 산업발전의 상징물처럼 여겨졌던 이 고가 화물 철도 노선은 그러
나 이후 도시의 산업구조가 금융 산업 중심으로 재편되면서 쓸모없는
애물단지가 돼 버렸다. 뉴욕시는 이 버려진 고가철도에 꽃을 심고, 나
무를 심고, 조명과 세련된 조형물을 설치해 하늘공원으로 탈바꿈 시켰
다. 복잡한 뉴욕 도심에서 오히려 조용하게 산책을 즐길 수 있고 멋지
게 디자인된 벤치에 앉아 바람에 흔들리는 야생화를 볼 수도 있다. 또
고가도로를 걷다 보니 지상에서 볼 수 없던 것들이 다른 각도에서 다
가온다. 바로 그 유명한 하이라인(High Line)이다. 도시 미관을 해치던
흉물로, 그 누구도 가기를 꺼려하던 곳이 이제는 시민은 물론 도시를
찾는 관광객이라면 누구나 한 번쯤 들러보고 싶은 명소가 된 것이다.
　우리나라 서울시에서 이를 모방한 사례가 있다. '서울로 7017'이
라 이름 붙였다. 1970년에 만들어진 차량이 다니는 고가도로를 2017
년에 사람이 다니는 인도로 바꾸었다 해서 년도의 뒷 숫자를 연결한
7017이라는 숫자가 붙었다고 한다.
　서울역 북쪽의 왕복2차선 고가차도가 노후되자 이를 시민들이 걸
을 수 있게 만들었다. 하지만 '서울로'의 바닥은 뉴욕의 하이라인과 달

리 시멘트 바닥 그대로이다. 녹지가 없다. 그러다보니 콘크리트 화분을 길에 이리저리 변화를 주면서 두었는데 그늘이라고는 생길 수 없는 식물들이다 보니 오히려 화분 사이를 피해 걸어야 하는 느낌이라 그리 마음에 와 닿지는 않는다. 그늘 없는 시멘트 바닥이면 여름철에 과연 걷고 싶을까라는 의구심도 든다.

뉴욕의 폐철도를 활용한 사례는 포항에서도 찾아볼 수 있다. 동해안 최적의 항구 도시 포항은 일제 강점기때부터 철도가 만들어졌다. 동해중부선으로 1917년에 경주에서 포항 노선이, 그리고 1919년에 포항에서 현재 동빈내항 근처의 학산역까지 철로가 놓였다. 뿐만 아니라 포항 북쪽으로 23km 떨어진 송라면까지의 노선은 1942년 비록 노반이 깔리긴 했지만 개통되지는 못했다. 포항역 북쪽으로는 우현동에 유류저장고가 있어서 포항역을 지나서도 철도가 이어져 있었다. 포항의 옛 모습을 기억하는 분들은 나루끝에 철로가 놓인 고가다리를 기억하실 테다. 그러나 광복 이후 포항~학산 간 노선은 폐지되고, 경주~포항 노선은 동해남부선으로 편입되었다.

포항시가 노선 폐지로 없어진 철도 구간을 걷기 좋은 숲 공간으로 만든 것은 2009년부터이다. 우현동 유류저장고에서 서산터널을 지나 신흥동 안포건널목까지 나무를 심고 산책로와 자전거 도로를 만들었다. 철로 주변도 쾌적하게 꾸몄다. 특히 옛날 우현동 철길 일대는 연탄공장까지 있어 도시의 후미진 곳이었는데, 철길숲이 조성되면서 분위기가 사뭇 달라졌다. 그리고 2015년 KTX 신역사로 포항역이 이전함에 따라 기존의 포항역에서 효자역까지의 구간 또한 기차가 다니지 않는 철도가 됨에 따라 이 구간에서 역시, 철도를 걷어내어 나무를 심고 조형물을 설치하는 등 시민들이 걷기 좋은 산책로의 숲을 조성하였다. 도심의 기능을 갈라놓았던 과거 철도가 이렇게 사람이 다니는 철길숲으로 다시 태어남으로써 도시에 활력을 주는 장소로 변모하게 된 것이다.

그러한 점이 높이 평가되어 포항 철길숲은 2019년 국토교통부 주관 '대한민국 국토대전 경관부문 우수상'과 대통령 직속 균형발전위원회 주관 '균형발전사업 최우수상'을 수상하였고, 포항시는 산림청이 주관한 2019년 녹색도시 우수사례 공모에서 도시숲 부문 최우수단체로 선정되기도 했다.

숲의 가치와 효용에 대해서 우리는 이젠 익히 잘 알고 있다. '이웃사촌'이라는 말이 있듯이 멀리 있어 자주 못 보는 친척보다 가까이서 자주 보는 이웃이 더 가까운 것처럼 숲도 마찬가지다. 아무리 유서 깊고 좋은 숲이라도 일부러 시간을 내야 한다면 그렇게 자주 이용하지는 못할 것이다. 예전에는 마을 자체가 숲이었고, 숲이 마을과 함께 있었다면, 지금의 도시는 숲과 너무도 동 떨어져, 도심에서 제대로 된 숲을 찾기가 꽤나 힘든 상황이다. 그래서 도심에 숲이 만들어지는 것은 그만큼 귀하고도 중요한 일이다. 마을숲은 마을 사람들의 삶과 관련하여 마을 주변에 조성되어 온 숲을 의미한다. 하지만 농촌사회가 붕괴되고 기존 마을에 사는 사람이 줄어들면서, 찾지 않는 마을숲은 보호해야 할 대상이 되었다. 새로이 사람들이 사는 공간에는 새로운 마을숲의 기능을 할 숲이 필요하다. 그런 의미에서 철길숲은 어쩌면 현재의 마을숲이라고 불러도 무방하다. 기존의 마을숲이 마을 사람들의 역사, 문화, 생활과 밀접한 관계를 맺어온 것처럼 새롭게 조성된 철길숲 역시, 그런 역할을 할 수 있어야 한다. 철길숲이 조성된 후 많은 사람들이 자전거를 타고, 걸어 다니고, 또 가족들이 함께 나무 아래 앉아 즐기는 모습을 보며 도시숲의 가치를 새삼 느끼게 된다.

하지만 아쉬움도 없지는 않다. 철길숲의 역사, 문화적 가치를 돋보이게 할 구 포항역 건물이 철거되었기 때문이다. 모든 철로의 출발점이자 종착지였던 역이 없어졌다. 구 포항역 건물은 새로이 지어지기도 했지만 1918년부터 포항시민들과 애환을 같이 해 왔다. 1935년에 먹고살기가 힘들어 만주로 떠났던 이들이 이용한 곳도, 1950년 총알자국이 뚜렷하게 남은 곳도 포항역이었다. 많은 해병대원들과 그의 가족들이 떠나며 눈물을 흘렸을 곳 또한 포항역이었다. 이렇듯 100여 년 동안 포항을 지켜 왔던 포항역이 하루아침에 사라져 버린 것이다.

1984년 포항역

앞서 예를 들었던 뉴욕의 하이라인은, 1930년대 '뉴욕 역사상 가장 위대한 공공 발전 시설'로 칭송받았던 고가철도가 쓸모가 없어져서 철거 여론이 나올 때 이를 보존하고 가꾸어서 만들어진 작품이다. 예술적으로 새로이 탄생한 고가의 보행도로도 아름답지만, 철거만이 능사가 아니라는 걸 보여 준 좋은 사례의 의미도 크다.

포항역이 철거된 후, 철길을 가로지르는 방향으로 차량이 다니는 도로가 생겼다. 교통의 흐름이 좋아진 장점도 있겠지만 무엇보다 포항역 앞의 광장을 잃게 된 점 또한 아쉬움이다. 역 앞 광장은 기쁜 일이여서든, 슬픈 일이여서든 포항 시민들이 모이는 광장 구실을 톡톡히 해 오고 있었다. 서울시청 앞 서울광장이 서울시민들에게 어떤 기능을 하는지를 살펴본다면, 사라진 포항역 광장은 더욱 아쉽게 다가온다. 만약 보존되었더라면 기차가 다니던 철길이 사람들이 다니는 철길숲으로 되살아난 지금에 더욱 광장의 기능을 발휘했으리라. 전통 마을숲도 마을 공동의 열린 공간으로서 동네 사람들이 모이는 장소의 역할을 하지 않았던가.

효자역에서 이미 기존에 조성된 우현동까지의 철길숲 총 길이는 6.6km이다. 서울역 앞 서울로의 길이가 1km 정도이고 뉴욕의 하이라인이 2.3Km인 것에 비해 무척 긴 거리다. 이 정도 길이라면 산책뿐만 아니라 운동도 충분히 되는 거리다. 아쉬움도 있지만 도심을 가로지르던 삭막한 철도가 숲속에서처럼 편안하게 걸을 수 있는 도심 숲길로 재탄생하게 된 건 포항의 큰 장점이라 할 수 있다. 뉴욕에 하이라인이 있다면 경북 포항에는 철길숲이 있다.

- 2020. 2. 6. 《경북일보》

대잠동 510 왕버들 (250년)

영화 촬영지로도 많이 유명한 청송 주산지 아시지요? 물 위에 나무가 있어서 안개라도 자욱할라치면 그 정경이 몽환적인 곳. 주산지는 알아도 그 나무가 왕버들이란 건 모르는 분들 계실 겁니다.

경기민요 '천안삼거리'의 그 능수버들처럼 가지가 하늘거리며 늘어지는 버드나무도 있지만 왕버들은 가지가 굵고 튼튼하여 늘어지지 않습니다. 그래서 30여 종의 버드나무 가운데 왕으로 꼽혀서 왕버들이라고 합니다.

하지만..

도심에 있는 이 나무는 그렇지가 못하네요. 이 왕버들을 휘감고 흘러들었던 대잠못은 포항시청으로 바뀌었고 나무 주변은 아스팔트 도로와 농경지 등으로 애처롭게만 보입니다. 사진에서도 보이는 전선줄이라도 걷어주고 싶습니다.

- 2018. 10. 4

두호동 549 소나무 (500년)

포항에는 다섯 개의 섬을 뜻하는 5도와 세 개의 호수를 뜻하는 3호가 있었습니다. 5도는 상도, 하도, 분도, 해도, 죽도 이고 3호는 환호, 두호, 아호입니다.

두호동이 두무포(두무치)라고 불렸던 것은 두호동에 있던 호수 모양이 머리 모양으로 생기고 커서 붙인 이름이라 합니다. 또한 두호동의 고려말 명칭은 통양포라 하였으며 만호진이 설치된 곳으로 영일만 수산의 중요 나루터였다 합니다.

포항 시내 가까운 곳에 이렇게 오래된 나무가 있어 찾아보기도 편리하고 지역의 오랜 역사를 말해 주는 듯 합니다.

- 2019. 2. 14

송도 솔밭

'조선 순종 4년(1910), 동양척식회사 소속 오오우치 지로大內次郞가 농사를 짓고 과자를 팔며 살고 있었는데 1911년 송도 백사장 53여 정보(16만평)를 대여받아 나무를 심기 시작하여 울창한 숲을 만들었다. 이 숲은 1929년 어부보안림魚附保安林으로 지정되었고 광복 후에 더 많은 나무를 심어서 포항의 대표적 방풍림이 되었다.' (『일월향지』 1967)

　포항시민이라면 누구나 가슴 한 켠에 저마다의 추억을 간직했을 송
도. 송도는 영일만이라는 동해안 최고의 자연조건 덕분에 명사십리 백
사장을 가진 해수욕장으로 명성이 높았으며 길게 펼쳐진 솔밭으로 인
해 포항시민은 물론 다른 지역에서도 많은 사람들이 찾는 명소였다.
　처음부터 송도로 불렸던 건 아니었다. 조선 후기에는 연일현 읍내
면 송정리에 속했고 1914년 행정구역 개편 시 영일군 대송면 송정동
이 되었다. 지금과는 형산강 물길이 완전히 달랐기 때문에 송도는 당
시 섬이 아니었다. 강 하구가 그렇듯 형산강의 수량이 많으면 섬이 되
기도 하였다. 1931년 형산강 개수공사를 시작하면서는 형산강 물길도

바뀌고 송도의 모양도 변하게 되었다. 그리고 1938년, '향도동'이라 불렀고 포항읍에 속했다. '향도向島'란 '저 건너 섬'이란 뜻으로 동빈동이나 남빈동에서 보면 저 건너에 있는 섬이었다. 해수욕장 이름도 향도 해수욕장으로 당시 기록에 나온다. 송도라고 불린 것은 광복 이후이다.

황포돛대를 타고 건너가던 송도에 다리가 처음 생긴 것은 1934년이다. 현재 오거리에서 송도로 이어지는 길이 예전부터 있던 큰길인데, 지금의 송도교와 같은 위치에 나무다리로 만들어졌다. 교통이 편리해지자 산업이 발전하였고 사람이 모여들기 시작했다. 그 시절 동해안에 많이 잡히던 청어와 정어리를 가공하는 공장이 들어섰다. 송도에 조선소가 세워진 것도 그때부터였다. 이미 포항항(현재의 구항)은 개항을 한 이후였다.

1930년대 정어리잡이는 절정을 이루었다. 기록에 나타난 것을 보면, 1937년의 정어리 어획고는 1,388,215톤이었다. 동해안 일대의 항구마다 어유魚油 저장 탱크가 세워지고 정어리 공장들이 들어섰다. 정어리 기름은 선박용 연료, 화장품 등을 만드는 데 사용되었고 기름을 짜고 난 찌꺼기(어박 : 魚粕)는 사료 또는 비료로 쓰였다. 포항 송도에도 60~70평 규모의 함석으로 된 정어리 공장이 있었으나 환경개선사업 일환으로 이후 철거되었다. 정어리 기름 저장탱크는 최근까지 있었다. 동빈큰다리 건너 북쪽, 요트계류장이 생기고 포항함을 옮겨다 체험관으로 만들 때까지도 그곳에 있었다. 하지만 어느 날 없어졌다. 지름 약 7m, 높이 약 5.5m의 원통형 콘크리트 구조물인 저장탱크 외벽에는 6·25전쟁 시 생긴 총탄 자국도 그대로 남아 있어 송도의 근현대사를 고스란히 간직한 중요한 유산임에도 사라지고 말았다. 2011년 포항시에서 의뢰한 용역조사 『포항 근대문화유산 활용방안 연구』에서도 저장탱크의 역사적 가치를 높게 평가하고 송도 솔밭 등과 연계 개발하여 관광 및 교육자원으로 활용하자는 제안이 있었는데도 말이다. 1930년대 만들어져 송도와 함께해 온 저장 탱크가 있던 자리엔 지금은 글램핑장이 들어서 있다.

송도는 형산강 하구의 퇴적지라는 천혜의 조건으로 염전 또한 유명하였다. 송도의 북쪽 마을을 아래 각단이라 불렀는데, 아래 각단을 중심으로 인근 지역에 염전이 많아서 이 지역을 소금 굽는 마을이라는 뜻에서 염동골이라 하였다.

송도 하면 떠올리게 되는 해수욕장은 1931년에 개장하였다. 포항읍으로 승격된 해이기도 하다. 원산해수욕장과 더불어 송도해수욕장은 전국적인 명성을 얻게 되었다. 광복 후에도 포항송도해수욕장은 전국 각처에서 많은 해수욕객이 찾았다. 하지만 1968년 철강공업단지가 조성되기 시작하면서 해수욕장은 바뀌어 갔다. 그 넓던 백사장은 유실되었고 끊임없이 환경문제가 대두되었다. 자연스레 사람들의 발길이 줄어들었다.

해수욕장의 쇠락과 더불어 송도 솔밭 또한 많이 훼손되었다. 솔밭 사이로 아스팔트 길이 생기고 고층 아파트단지까지 들어섰다. 옛 사진을 통해 영일만을 낀 포항의 전경을 살펴보면, 방풍림의 송도 솔밭의 기능이 확인되고 낮고 길게 조성된 솔밭의 편안함이 백사장 건너 바다와 참 잘 어울렸다. 하지만 고층 아파트단지가 들어섬으로 이제 그런 조망은 볼 수 없게 되었다. 사실 해안도로를 타고 동해안 바닷길을 달려보면 전망 좋은 곳에 예전에 없던 건물들이 올라간 것을 종종 보게 된다. 마치 좋은 전망을 독점하겠다는 욕심으로 보여 불편할 때가 많다. 대부분의 사람들은 동해바다 전망 대신 바다를 가리는 인공적인 그 건물을 바라봐야 할 수밖에 없기 때문이다. 불편함은 송도 솔밭을 정비한 모습에서도 계속된다. 보도블록을 깔고 조형물을 설치해야만 솔밭이 공원이 되는 것은 아닐 텐데 말이다. 게다가 바닷가 솔밭에 인공 실개천과 물레방아는 송도의 특색과 어떤 관계가 있는지 모르겠다.

송도 솔밭을 살리기 위한 문화적인 접근과 생태적인 접근은 눈여겨볼 만하다. 일찍이 화가 이창연은 송도를 그렸고 작가 안성용은 송도를 사진으로 남겼다. 2018년부터 포항문화재단에서 기획한 '포항거리예술축제'는 해안을 낀 송도 솔밭에서 이루어지는 축제이다. 사실 마을숲이 전통 유희의 공간이었던 것처럼 송도 솔밭 또한 포항시민들에겐 축제의 장인 경우가 많았다.

포항개항제 때 미스포항 카퍼레이드에서부터 해변 노래자랑도 어김없이 송도에서 이루어졌고 사생대회, 백일장 등의 단골 장소였다. 학창시절 송도 솔밭으로 소풍 안 가 본 사람이 거의 없을 정도였다. 당시 공연 예술의 공간이 시공관(훗날 시민회관으로 바뀌었다가 지금은 중앙아트홀이 되었다)밖에 없었던 탓도 있겠지만 포항 송도는 시민들에게 축제와 문화의 장이었다. '포항거리예술축제'는 송도 솔밭에 그런 놀이 공간의 기능을 다시 불러낸 셈이다.

(사)경북생명의숲은 2019년부터 송도 솔밭을 더 건강하게 하기 위해 소나무 낙엽이 썩어 생긴 부엽토를 긁어 제거하는 활동을 하고 있다. 소나무는 상록수인데 낙엽이 있나 하고 생각할지 모르겠다. 늘 푸

른 소나무지만 낙엽은 있다. 다만 활엽수들처럼 한꺼번에 낙엽으로 떨어지지 않아서 늘 푸르게 보일 뿐이다. 소나무 낙엽들은 페놀이나 탄닌 성분이 많아 다른 식물들을 자라지 못하게 하지만 낙엽이 썩어 생긴 부엽토는 소나무와 공생관계에 있는 균근을 자라지 못하게 한다. 버섯이 자라지 못하면 결국 소나무 뿌리도 약해지는 식이다. 지난해부터 '공원의 친구들'이라는 이름으로 송도 솔밭을 가꾸는 활동을 시작했는데, 포스코를 비롯 여러 회사의 기업봉사팀과 중·고등학교 학생들뿐만 아니라 개인 봉사자까지 1,000여 명이 참여했다고 한다.

숲을 이용하는 즐거움을 넘어 숲을 가꾸는 보람을 느끼는 사람이 늘어난다는 건 고무적이다.

- 2020. 3. 26. 《경북일보》

남구 효자동 산31 (포항공대 내) 소나무 (300년)

포항공과대학교가 생기기 훨씬 전부터
마을의 당나무 역할을 해 온 아우라가 여전합니다.
첨단과학을 연구하는 대학에 오래된 소나무.
마치 자연과학과 인문과학의 만남처럼 훌륭한 조화로 느껴집니다.

다른 노거수와 달리 찾아가기에 가까운 곳이어서 더 반갑습니다.

- 2019. 6. 5

북구 득량동 282-4 (양학초등 내) 회화나무 (600년)

지도무난至道無難 유혐간택唯嫌揀擇

(지극한 도는 어려움이 없으며 / 오직 간택함을 싫어할 뿐이다)

'간揀'은 가려내 버리는 것, '택擇'은 선택해서 갖는 것입니다.

따라서 '간택을 싫어한다'는 '유혐간택'은, 모든 것이 나름의 가치를

가지고 있다는 사실을 이해한다는 의미입니다.

포항에 보호수로 지정된 나무가 대략 백이삼십여 그루가 됩니다.

낫고 못하고 없이 하나같이 귀하고 기품이 있습니다. '간택'할 일이 없

습니다.

그리고 보면 나무 또한 한 자리에서 계절을 다 받아들여 맞습니다.

나무에게서 '유혐간택'을 배웁니다.

에필로그

"변해 가는 것들에 대한 아쉬움, 사라지는 것들에 대한 그리움"

구슬이 서말이라도 꿰어야 보배란 말은 여기서도 유효한가 보다.

처음에 포항의 숲 몇 개를 알았을 때 숲지도를 만들어 봐야겠다는 생각을 했다. 예전에 무성했을 숲이지만 대부분 많이 훼손된 상태의 숲들은, 여러 숲들이 있었다는 사실로 위안이 될지도 몰랐다.

숲지도를 처음 만들었을 때의 반응은, "포항에 이렇게 숲이 많았어?"였다. 그렇게 숲지도를 만들게 되었고 《경북일보》의 제안으로 '경북의 숲' 연재를 시작하였다. 그리고 포항MBC에서 숲 소개를 촬영하게 되었다. 숲들만 꿰는 것이 아니라 숲 소개의 방법도 점차 꿰어지나 보다. 보배가 되려는 모양이다.

보물섬을 들어봤으리라. 어릴 적 보물지도를 꿈꿔도 보았을 테다. 그렇다면 보물은 무엇일까. 이 글들은 변해가는 것들에 대한 아쉬움이자 사라지는 것들에 대한 그리움이다. 숲은 단순히 사람들에게 쾌적한 생태적 환경을 부여하는 데 그치는 게 아니라 마을의 인문문화를 오롯이 간직하고 있는 공간이다.

건강한 숲 가꾸기를 위한 일종의 문화 운동이 일어나야 할 때이다.

숲이 보배이자 보물이다. 숲으로 가는 길은 보물을 찾아가는 길이다.

이 책이 저마다의 보물을 찾는 여정에 지도가 되기를 바란다.

부록

1. 장기 임수長鬐林藪 : 영일군 지행면 마현리·임중리 위치
2. 대송정大松亭 : 영일군 대송면 송정리 위치
3. 북천수北川藪 : 영일군 흥해면 북송동·마산동 위치
4. 봉송정鳳松亭 : 영일군 청하면 덕성리 위치
5. 송전松田 : 영일군 청하면 미남리 위치
6. 미남리송림美南里松林 : 영일군 청하면 미남리 위치

『일월향지』(1967)에 수록된 숲 목록

1. 관덕관송수觀德官松藪

청하면 청하천 북쪽 언덕 위에 울창한 송림松林이 있는데 관덕관송전觀德官松田 혹은 사도림使徒林이라 한다. 조선 세종 9년(1427) 청하읍성을 축조한 청하군수 민인閔寅이 바람과 홍수를 막기 위해 조림한 것으로 대대로 보존되어 오다가 연산군, 선조, 고종 때에 탐관오리貪官汚吏들에 의하여 벌채되었다 한다. 현재 소나무의 수령이 80, 90년인데 몇 정보를 벌채하여 해아중학교海阿中學校를 설립하였다.

2. 하송수下松藪

송라면 하송리에 있다. 상송리 중송리 하송리 등을 구불구불 10여 리 두른 제방림堤防林 혹은 시목림柴木林이다. 옛날 이 지방에 거주하던 윤기석尹琦碩의 아내 청풍淸風 김씨가 기증한 돈으로 심은 숲으로 마을 주민 모두가 엄하게 보호하고 있다. 상송리 중송리 하송리 주민들이 청풍 김씨 송덕비를 건립하고 그 덕행과 독지를 추모하고 있다.

3. 청하 서계수淸河西溪藪

청하면 서계리 유계동에 있다. 옛날의 숲은 길이가 5리 남짓이고 넓이가 3리 남짓의 큰 자연림이었다 한다. 현재는 전 면적이 약 1,000여 평에 지나지 않으니 과거의 울창한 숲을 볼 수 없다. 이 마을의 지도자 윤인곤尹仁坤은 청하 면장을 지낸 덕망 높은 인사로서 서계수를 적극 보호하고 육성하고 있다.

4. 기계 서수杞溪西藪

기계면 현내동 서편에 위치한 울창한 송림으로 일명 현수縣藪라고 한다. 가정嘉靖 연간 도원공桃源公 이말동李末仝이 은거할 때 방수림으로 조성한 숲이다.

5. 창주 후동 약수滄洲厚洞藥藪

구룡포읍 후동에 있다. 어느 시대 조성되었는지 알 수 없다. 조선 말기까지 둘레가 약 10리인 큰 숲이었다 한다. 현재는 면적이 2정보에 지나지 않아서 근근히 옛 모습을 유지할 뿐이다. 마을 노인의 말에 의하면 장기 현감이 조정에 상납하는 약초를 재배하여 약수藥藪라 한다고 한다.

6. 청림 고현수靑林古縣藪

오천면 청림동에 있다. 어느 시대 조성되었는지 알 수 없으나 자연림이란 설도 있다. 마을 노인의 말에 의하면 고려 충신 포은 정몽주가 심었다 한다. 일설에 의하면 신라시대 자연림이 잔존한 것이라 한다.

7. 포항 송도수浦項松島藪

조선 순종 4년(1910) 일제의 침략이 시작되자 전국 각지에서 의병이 일어나서 항일 투쟁을 전개할 무렵 동양척식회사 소속 대내차랑大內次郎이란 일본인이 농사를 짓고 과자를 팔며 살고 있었는데 1911년 송도 백사장 53여 정보를 대여받아 조림造林에 착수하였다. 이 광경을 본 인근 사람들이 대내차랑을 미친 사람이라 조롱하였으나 그는 개의치 않고 계속 나무를 심어서 울창한 숲을 만들었다. 이 숲은 1929년 어부보안림魚附保安林으로 지정되었고 광복 후에 더 많은 나무를 심어서 포항의 대표적 방풍림이 되었다.

8. 연일 신읍수延日新邑藪

조선 고종 3년(1866) 연일현기를 대잠동에서 생지동에 옮길 때에 연일군수 남순원南順元이 현기를 옮긴 기념으로 조성한 숲으로 길이가 7리, 넓이가 5리에 이르는 울창하고 큰 숲이었다. 현재는 과거의 면모를 찾아볼 수 없지만 무성한 홰나무와 노송나무는 유명하다.

9. 달전 하일수達田河日藪

달전면 학천동 입구에 5그루 노송이 있는데 하일수河日藪라 한다. 어느 시대 심었는지 알지 못하나 무성한 나뭇잎이 해를 가려 여름철 마을 주민들이 휴식하는 장소이다. 노인들은 오수정五樹亭이라 한다.

10. 칠포 망재수七浦望齋藪

의창면 칠성동 오봉산의 한 지맥이 동남으로 10리 쯤 달리다가 지맥이 끊어지는 곳에 망재수望齋藪가 있다. 마을 노인의 말에 의하면 신라시대부터 자연림이라 하나 일설에 여씨 부부가 심었다고 한다. 둘레가 3리 정도이고 무성한 나뭇잎이 고색이 창연하다.

11. 송라 대동수松羅大東藪

송라면 대전리 앞에 있다. 옛날 공씨 부부가 심었다 한다. 마을 노인의 말에 의하면 옛날에는 둘레가 약 10리 되는 큰 숲이며 땔나무가 울창하여 호랑이가 깃들어 쉬었다 한다. 임진왜란 때에 의병이 주둔한 곳으로 군사들이 물을 먹던 천정泉井이 유명하다.

12. 자명수自明藪

연일면 자명동 입구 동편 자연림으로 대부분 괴목槐木인데 수령이 500, 600년 정도의 큰 자연림이다. 마을 노인의 말에 의하면 신라시대부터 밀림密林이라 하였다 하고 약 100년 전만 해도 호환虎患이 있어서 마을 주민들이 편안히 살 수 없었는데 연일현감이 군대를 지휘하여 호랑이를 퇴치하였다 한다.

13. 장기 임중수長鬐林中藪

지행면 임중리에 있다. 마을 노인의 말에 의하면 신라시대부터 원시 자연림이며 약 200년 전만 하더라도 길이가 약 10여 리, 넓이가 5여 리의 울창한 임야라서 대낮에도 사람이 혼자 다닐 수 없었다 한다. 호랑이가 출몰하여 장기 관군官軍이 출동해 호랑이를 잡은 사실도 있다 한다. 일제강점기에 남쪽을 개간하였지만 면모는 유지하였는데 광복 후에 벌채가 심하여 옛 모습을 찾을 수 없게 되었다 한다. 임중수林中藪 가운데 임중천林中泉이라 부르는 지하수가 있는데 여름에는 차갑고 겨울에는 따뜻하다. 그 맛은 달콤하고 서늘하여 주민들의 청량제가 되었다. 행목杏木 괴목槐木 시목柴木이 울창하니 지행면이라는 고을 이름도 이에 기인한다 한다. 1966년에 제방을 쌓고 벌목하여 개간하였다.

14. 대송정수大松亭藪

대송면 오천면 해안 백사장 일대에 노송이 울창한 큰 숲이 있는데 이를 대송정大松亭이라 한다. 연일군수가 방풍림으로 조성한 것으로 현재 어부보안림魚附保安林이다.

15. 봉림수鳳林藪

의창면 곡강동 방목산 부근, 즉 곡강동 봉림동 어구동 봉림사장 일대에 시목柴木이 울창한 숲이다. 그 숲은 대낮에 호랑이가 나올 정도인데 조선 효종 때에 연일군수가 벌채한 후 봉림사장의 바람과 모래로 인하여 목장을 운영할 수 없게 되자 장기長□ 북목北牧으로 이전하는 바람에 폐지되었다 한다.

16. 화진사수華津沙藪

송라면 화진사華津沙는 옛날부터 숲이 울창하였으나 조선 고종 때에 청하군수가 벌채하였다 한다.

17. 용담수龍潭藪

포항시 학산동 대신동 일대에 시목이 울창한 큰 숲이 조선 중기까지 있었다 한다.

『영일군사』(1990)에 수록된 숲 목록

1. 노암식수露岩植樹 : 남구 대보면 대동배리 소재
2. 양실수 후동죽림養失藪 厚洞竹林 : 남구 구룡포읍 후동리 소재
3. 관덕관송수觀德官松藪 : 북구 청하면 미남리 소재
4. 하송수下松藪 : 북구 송라면 하송리 소재
5. 노송당老松堂 : 북구 청하면 소동리 소재
6. 청하서계수淸河西溪藪 : 북구 청하면 유계리 소재
7. 기계서수杞溪西藪 : 북구 기계면 현내리 소재
8. 후동약수厚洞藥藪 : 남구 구룡포읍 후동리 소재
9. 청림고현수淸林古縣藪 : 남구 청림동 소재
10. 연일신읍수迎日新邑藪 : 남구 연일읍 생지리 소재
11. 달전하일수達田河日藪 : 북구 흥해읍 학천리 소재하였으나 현재 없음
12. 칠포망재수七浦望齋藪 : 북구 흥해읍 칠포리 소재
13. 자명수自明藪 : 남구 연일읍 자명리 소재
14. 장기임중수長鬐林中藪 : 남구 장기면 임중리 소재
15. 대동수大東藪 : 북구 송라면 대전리 소재
16. 대송정수大松亭藪 : 남구 동촌동 소재하였으나 현재 없음
17. 봉림수鳳林藪 : 북구 흥해읍 곡강리 소재하였으나 현재 없음
18. 화진수華津藪 : 북구 송라면 화진리 소재하였으나 현재 없음
19. 북천수北川藪 : 북구 흥해읍 마산리 소재

『마을숲』(1994, 열화당)에 수록된 숲 목록

1. 서계숲西溪藪 : 영일군 청하면 유계2리 위치
2. 하송숲下松藪 : 영일군 송라면 하송리 위치
3. 천방숲 : 영일군 신광면 만석리 위치
4. 장기 임수長鬐林藪 : 영일군 지행면 마현리 위치
5. 매현숲梅峴藪 : 영일군 죽장면 현내 위치
6. 필미숲筆美藪 : 영일군 청하면 미남리 위치

[소실된 마을숲]
1. 봉송정鳳松亭 : 영일군 청하면 덕성리 위치
2. 대송정大松亭 : 포항시 송정동 위치

『경북도립 내연산수목원 주변 마을숲 조사보고서』(2003, 노거수회)에 수록된 숲 목록
– 송라면, 청하면, 흥해읍, 신광면

1. 덕골 마을숲德谷樹 : 송라면 중산3리 소재
2. 덕골 당산숲德谷 堂山樹 : 송라면 중산3리 소재
3. 학산 당산숲鶴山 堂山樹 : 송라면 중산2리 소재
4. 학산수鶴山藪 : 송라면 중산2리 소재
5. 중산1리숲 : 송라면 중산1리 소재
6. 광천1리숲 : 송라면 광천1리 소재
7. 대동수大東藪 : 송라면 대전리 소재
8. 화산숲花山樹 : 송라면 화진리 소재
9. 하송수下松藪 : 송라면 하송리 소재
10. 송천수松泉樹 : 청하면 덕천리 소재
11. 관덕 관송전觀德 官松田 : 청하면 미남리 소재
12. 청계 마을숲淸溪藪 : 청하면 청계2리 소재
13. 필미숲筆美藪 : 청하면 미남리 소재
14. 서계숲西溪藪 : 청하면 유계2리 소재
15. 유계1리숲 : 청하면 유계1리 황배이[黃岩]마을에 소재하였으나 2003년 저수지가 만들어지면서 현재 없음
16. 호암숲虎岩藪 : 송라면 소동리 소재

288

17. 북천수北川藪 : 흥해읍 마산리 소재
18. 향교숲鄉校藪 : 흥해읍 옥성리 소재
19. 죽성숲竹城藪 : 신광면 죽성1리 소재
20. 사정2리숲 : 신광면 사정2리 소재

『경북도립 내연산수목원 주변 마을숲 조사보고서2』(2004, 노거수회)에 수록된 숲 목록
– 죽장면, 기계면, 기북면

1. 기계 동숲 : 기계면 현내1리 소재
2. 기계 서숲 : 기계면 현내2리 소재
3. 설래수 : 기계면 봉계2리 소재
4. 지가2리 마을숲 : 기계면 지가2리 소재
5. 지가1리 마을숲 : 기계면 지가1리 소재
6. 덕동숲 : 기북면 오덕리 소재
7. 입암서원숲 : 죽장면 입암리 소재
8. 매현숲 : 죽장면 매현1리 소재
9. 하옥숲 : 죽장면 하옥리 소재

『포항시사』(2009)에 수록된 숲 목록

1. 노암식수露岩植樹 : 남구 대보면 대동배리 소재
2. 양실수 후동죽림養失藪 厚洞竹林 : 남구 구룡포읍 후동리 소재
3. 관덕관송수觀德官松藪 : 북구 청하면 미남리 소재
4. 하송수下松藪 : 북구 송라면 하송리 소재
5. 청하서계수淸河西溪藪 : 북구 청하면 유계리 소재
6. 기계서수杞溪西藪 : 북구 기계면 현내리 소재
7. 후동약수厚洞藥藪 : 남구 구룡포읍 후동리 소재
8. 청림고현수淸林古縣藪 : 남구 청림동 소재
9. 연일신읍수迎日新邑藪 : 남구 연일읍 생지리 소재
10. 달전하일수達田河日藪 : 북구 흥해읍 학천리 소재하였으나 현재 없음
11. 칠포망재수七浦望齋藪 : 북구 흥해읍 칠포리 소재
12. 자명수自明藪 : 남구 연일읍 자명리 소재

13. 장기임중수長鬐林中藪 : 남구 장기면 임중리 소재
14. 대동수大東藪 : 북구 송라면 대전리 소재
15. 대송정수大松亭藪 : 남구 동촌동 소재
16. 봉림수鳳林藪 : 북구 흥해읍 곡강리 소재하였으나 현재 없음
17. 화진수華津藪 : 북구 송라면 화진리 소재하였으나 현재 없음
18. 북천수北川藪 : 북구 흥해읍 마산리 소재
19. 송도수松島藪 : 남구 송도동 소재

숲 주소록

포항시 북구
1. 기계서숲 : 기계면 현내리 산78-1
2. 기계 동숲 : 기계면 내단리 974
3. 지가1리 마을숲 : 기계면 지가리 969-7
4. 설내숲 : 기계면 봉계리 1536
5. 덕동 마을숲 : 기북면 오덕리
6. 하송수 : 송라면 삼송길 52
7. 학산수 : 송라면 중산리 산116
8. 대동수 : 송라면 대전리 370
9. 죽성1리 마을숲 : 신광면 죽성리 733
10. 만석1리 마을숲(천방숲) : 포항시 신광면 북구 만석리 337
11. 사정리 숲 : 신광면 사정리 447
12. 현내 마을숲 : 죽장면 현내리 138
13. 매현 마을숲 : 죽장면 매현리 653
14. 상대 마을숲 : 청하면 상대리 173-1
15. 하대 마을숲
16. 서계수(유계마을숲) : 청하면 수목원로 1378
17. 청계수(청계마을숲) : 청하면 청계리 557-2
18. 관덕관송전(청하중학교) : 청하면 덕성리 384-12
19. 소동 마을숲 : 흥해읍 사방공원길 39
20. 미남 마을숲(필미숲) : 청하면 미남길 27
21. 옥성 마을숲(이팝나무군락지) : 흥해읍 동해대로 1548-10
22. 북천수 : 흥해읍 북송길 63

23. 초곡 마을숲 : 흥해읍 초곡길316번길 6-2

[사라진 숲]
1. 망재수 : 칠포
2. 봉송정 : 청하면 덕성리
3. 송전 : 청하면 미남리
4. 하일수 : 달전 학천동
5. 봉림수 : 의창면 곡강동
6. 화진사수 : 송라면
7. 용담수 : 포항시 학산동, 대신동

[숲 관련 시설]
1. 도음산 산림문화수련장 : 흥해읍 도음로 646
2. 비학산 자연휴양림 : 기북면 비학산길 302
3. 기청산식물원 : 청하면 청하로 175번길 50
4. 경북수목원 : 죽장면 수목원로 647

포항시 남구
1. 송도솔숲 : 송도동 산1-1
2. 원골숲 : 연일읍 중명리 763
3. 구평리 숲 : 구룡포읍 구평리 741
4. 홍계 마을숲 : 대송면 장동홍계길 310
5. 모감주나무 군락 천연기념물 : 동해면 발산리 산13
6. 택전숲 : 연일읍 택전리 588-4
7. 두원 마을숲 : 장기면 동해안로 2735-8
8. 양포 마을숲 : 장기면 양포리 485-1
9. 장기중학교(임중 마을숲) : 장기면 읍내길 53
10. 방산2리(평동) 마을숲

[사라진 숲]
1. 후동 약수 : 창주면
2. 후동 죽림 : 구룡포읍 후동리
3. 대송정 : 송정동
4. 고현수 : 청림동

5. 신읍수 : 연일읍 생지리

6. 자명수 : 연일 자명

7. 노암식수 : 호미곶면 대동배리

[숲 관련 시설]

1. 중명자연생태공원 : 연일읍 중명리 산16

2. 청송대 둘레길 : 행복길75번길 11

3. 그린웨이 : 대잠동 171-5

4. 운제산 산림욕장 : 대송면 운제로386번길 102

5. 금광리 생활체육공원 : 동해면 금광리 717

노거수 주소록 *(사)노거수회의 '포항의 노거수 100選' 참조하였음

1. 구룡포 구평리 741 느티나무(*추정수령 : 450년)

2. 구룡포 병포2리 304-2 생병마을 느티나무(250년)

3. 연일읍 택전2리 597-2 택골 회화나무 12본(380년)

4. 연일읍 중명2리 763 원골 회화나무 7본(400년)

5. 연일읍 중명2리 763 원골 회화나무(600년)

6. 연일읍 인주리 산15 소나무(300년)

7. 연일읍 생지리 287-4 팽나무(300년)

8. 오천읍 항사리 252 안항사 느티나무(200년)

9. 오천읍 갈평리 180 느티나무(200년)

10. 대송면 남성2리 447 느티나무(250년)

11. 대송면 공수리 98 과다리 소나무(250년)

12. 대송면 홍계리 126 서어나무(200년)

13. 동해면 도구리 402-1 포항공항 곰솔(300년)

14. 동해면 입암리 131-1 팽나무(400년)

15. 동해면 흥환리 357 동해초 흥환분교 팽나무(300년)

16. 동해면 중흥리 195 배일골 회화나무(200년) / 곰솔(250년)

17. 동해면 상정2리 391-2 느티나무(200년)

18. 동해면 금광리 717 느티나무(250년)

19. 동해면 공당리 895-1 느티나무(350년)

20. 장기면 죽정리 659 중정마을 느티나무(300년)

21. 장기면 범오리 범오마을 곰솔(150년)
22. 장기면 마현리 331 장기초등 은행나무(300년)
23. 장기면 임중리 331-2 장기중 주엽나무(150년)
24. 장기면 임중리 331-2 장기중 이팝나무(200년)
25. 장기면 임중리 331-2 장기중 느티나무(400년)
26. 장기면 양포리 487 양포초등내? 느티나무(250년)
27. 장기면 계원리 23-1 곰솔(500년)
28. 장기면 두원리 386 두내 소나무(300년)
29. 장기면 방산2리 400 거산 왕버들(150년)
30. 장기면 방산2리 905-9 평동 느티나무(370년)
31. 장기면 산서리 1278 월산동 팽나무(300년)
32. 호미곶면 강사2리 627 곰솔(300년)
33. 호미곶면 명월길 304-16 해봉사 배롱나무(300년)
34. 효자동 산31 소나무(300년)
35. 대잠동 510 논실 왕버들(250년)
36. 흥해읍 성내리 39-8 영일민속박물관 회화나무(500년)
37. 흥해읍 매산리 275 매산 제방변 팽나무(250년)
38. 흥해읍 덕장2리 997 마을 어귀 쉼터 소나무(250년)
39. 흥해읍 용천2리 1376 마을 어귀 쉼터 팽나무(300년)
40. 흥해읍 용천2리 835-2 마을 앞 뜰 소나무(200년)
41. 흥해읍 초곡리 827 칠인정 내 느티나무(400년)
42. 흥해읍 초곡리 827 칠인정 앞 연못 배롱나무(300년)
43. 흥해읍 대련리(새마을로394번길 108) 하일쉼터 느티나무(400년)
44. 흥해읍 향교산 129 옥성리 이팝나무(150년)
45. 신광면 마북리 산43 당마을 산기슭 느티나무(400년)
46. 신광면 마북리 91-1 마북저수지 느티나무(550년)
47. 신광면 만석1리 337 오목강 숲 회화나무(200년)
48. 신광면 사정2리 447 마을 앞 들 팽나무(300년)
49. 신광면 토성2리 544-1 논들 가운데 상수리나무(300년)
50. 신광면 범촌리(호리길 56) 범촌리 느티나무(250년)
51. 신광면 우각1리 113 오의정 향나무(200년)
52. 신광면 죽성2리(비학로855번길 153) 윗각단 소나무(200년)
53. 청하면 덕성리 276-3 면사무소 회화나무(300년)
54. 청하면 덕성1리 381-1 청하중학교 소나무(170년)

55. 청하면 필화1리 20-4~5 마을동편 들 소나무(170년)

56. 청하면 월포3리 181 마을 중간 팽나무(300년)

57. 청하면 용두리 274 마을 어귀 회화나무(300년)

58. 청하면 청진2리 337 진씨묘역 팽나무(300년)

59. 청하면 소동리 815 마을 서편숲 모과나무(250년)

60. 청하면 하대리 286-2~3 마을 남편 숲 소나무(200년)

61. 청하면 명안리 산42-1 옹기마을 동북쪽 소나무(300년)

62. 청하면 유계2리 466 마을중간 느티나무(500년)

63. 청하면 서정2리 171 모과지이 마을 모과나무(300년)

64. 청하면 청계2리 557-2 마을 어귀 느티나무(300년)

65. 송라면 중산3리 삼용추 비하대 상 소나무(500년)

66. 송라면 중산3리 보경사 동암 느티나무(400년)

67. 송라면 중산3리(보경로 523) 보경사 경내 탱자나무(400년)

68. 송라면 중산2리 17 학산수 팽나무(300년)

69. 송라면 중산1리 496-1 중리마을 느티나무(250년)

70. 송라면 광천3리 190-2 마을 뒤 도로편 느티나무(300년) / 팽나무(300년)

71. 송라면 대전1리 370 대동수 느티나무(400년)

72. 송라면 대전3리 897 마을 어귀 언덕 느티나무(250년)

73. 송라면 방석리 218 마을 앞 논들 느티나무(550년)

74. 기계면 미현리 619 옥동제사 앞 소나무(200년)

75. 기계면 문성리 151 도로변 팽나무(200년)

76. 기계면 구지리 261-1 회화나무(200년)

77. 기계면 봉계1리 114부근 마을 어귀 왕버들(200년)

78. 기계면 봉계리 739 분옥정 향나무(290년)

79. 기계면 봉계리 739 분옥정 소나무(400년)

80. 기계면 봉계1리 1536 설래수 느티나무(400년) / 시무나무(300년)

81. 죽장면 입암1리 23 입암 서원 앞 은행나무(300년)

82. 죽장면 입암리 69번 도로변 느티나무(300년)

83. 죽장면 현내리 138 창마을 숲 느티나무(460년)

84. 죽장면 현내리 66-2 지동 마을회관 앞 느티나무(300년)

85. 죽장면 현내리 대송마을 절 옆 느티나무(350년)

86. 죽장면 두마리 무학대 어귀 소나무(200년)

87. 죽장면 두마리 476 평지마을 어귀 느티나무(250년)

88. 죽장면 합덕1리 도로변 느티나무(200년)

89. 죽장면 합덕리 276 죽장초등 죽북분교 비술나무(250년)
90. 죽장면 매현1리 653 매현마을숲 느티나무(300년)
91. 죽장면 가사리 145-1 윗가사 다리 곁 느티나무(500년)
92. 죽장면 상옥1리 1254 솔안마을 어귀 느티나무(300년)
93. 죽장면 하옥리 786 아랫마두 느티나무(300년)
94. 죽장면 지동리 80-2 논골 느티나무(350년)
95. 죽장면 마을 어귀 지동리 느티나무(300년)
96. 기북면 대곡2리 699 한들 논들 팽나무(300년)
97. 기북면 오덕1리 231 송계숲 속 은행나무(200년)
98. 기북면 오덕리 180 향나무(200년)
99. 양학동 282-4 양학초등학교 회화나무(300년)
100. 두호동 549 학전제당 소나무(300년)

포항의 숲과 나무

초판 1쇄 발행   2020년 5월 3일
초판 2쇄 발행   2022년 3월 27일

지은이   이재원
사진   김정호
펴낸곳   도서출판 나루

주소   포항시 북구 우창동로 80, 112-202호 (우현동, 삼도뷰엔빌W상가)
전화   054-255-3677
팩스   054-255-3678
이메일   mooae69@hanmail.net

ISBN   979-11-956898-3-5 03090